AUTHOR INTRODUCTION

刘承元博士

3A咨询集团董事长、知一行九精益老师、清华大学外聘教授、"精益造物育人"机制理论创始人、精益案例库与精益学堂首席专家，《世界经理人》《企业管理》和《企业家》杂志封面人物。

1978—1982年，获哈尔滨工业大学工学学士学位。1983—1989年，国家公派留学日本，获大阪大学工学硕士、博士学位。1991—2000年，在世界500强企业理光深圳公司、上海公司任高管。2000年和伙伴一起创办了3A公司。

由于在管理专业领域的突出贡献，分别于2014年、2015年和2023年荣登《世界经理人》《企业管理》和《企业家》杂志封面；2018年8月，和海尔、美的等企业，以及董明珠等个人，同获颁中国管理科学学会管理科学促进奖；2020年获邀出版哈尔滨工业大学百年校庆杰出校友献礼图书《管理赢家》，收获了极大的荣誉……

作者简介

在理光的职业经验

在理光工作期间，刘承元把日本优秀的管理方法与中国的国情相结合，通过持续有效地推进方针目标管理活动、TPM和精益管理活动，创造了一个环境整洁优美、员工积极向上、管理高效严谨、文化温馨明快、受人尊敬的外商投资企业。这家年产值近百亿元的外资企业成了理光在全球最大的设计和生产基地，其高效的精细化管理和卓越创新文化更是远近闻名、有口皆碑，成为国内外企业争相效仿的标杆。

作为中方最高负责人，刘承元一直是理光在日本以外地区推进本土化经营的典范。理光在中国的成功离不开他所做的四件事：一是融合中日文化；二是持续推进精益管理变革活动，促进员工广泛参与；三是培养优秀管理团队；四是建设企业创新文化。在理光成功的职业经历为他经营3A这样优秀的咨询顾问公司打下了坚实的基础。

丰富经验成就"管理赢家"

刘承元在世界500强企业里历练10载，又在顾问实践中追求多年，积累了丰富的经营管理和精益咨询经验，被媒体和业界誉为"管理赢家"。自创办3A以来，刘承元博士带领专家顾问团队为一大批制造企业提供了务实有效的培训和咨询服务，成果累累，口碑卓著。

刘承元博士是一位有使命感、有情怀的资深管理专家。他一心传播创新经营和精益管理思想，矢志帮助中国企业全面提升经营管理水平。他指出，与知识相比，智慧更重要；与制度相比，机制更可靠；管理和监督重要，自主管理更重要；关注节流降本，更要关注开源增效；关注变动成本，更要关注固定成本；关注资源价格，更要关注资源效率；与短期的绩效相比，员工成长更重要；企业要贯彻"精益即经营"的思想，持续追求"激活组织、造物育人和缔造利润"三大价值。

他倾力奉献的"3A精益系列丛书"包括《精益思维》《精益改善》《造物育人》《缔造利润》，该丛书是中国人原创精益思想体系和成功实践的集大成，值得所有管理者反复阅读。

精益改善

激活组织　打造卓越现场力

刘承元　著

企业管理出版社
ENTERPRISE MANAGEMENT PUBLISHING HOUSE

图书在版编目（CIP）数据

精益改善：激活组织，打造卓越现场力 / 刘承元著. -- 北京：企业管理出版社，2023.11

（3A 精益系列丛书）

ISBN 978-7-5164-2919-8

Ⅰ.①精… Ⅱ.①刘… Ⅲ.①企业管理—经济效率—研究—中国 Ⅳ.① F279.23

中国国家版本馆 CIP 数据核字（2023）第 179707 号

书　　名：	精益改善——激活组织，打造卓越现场力
书　　号：	ISBN 978-7-5164-2919-8
作　　者：	刘承元
策　　划：	朱新月
责任编辑：	解智龙　刘畅
出版发行：	企业管理出版社
经　　销：	新华书店
地　　址：	北京市海淀区紫竹院南路 17 号　邮　　编：100048
网　　址：	http://www.emph.cn　电子信箱：zbz159@vip.sina.com
电　　话：	编辑部（010）68487630　发行部（010）68701816
印　　刷：	天津市海天舜日印刷有限公司
版　　次：	2023 年 11 月第 1 版
印　　次：	2023 年 11 月第 1 次印刷
开　　本：	710mm×1000mm　1/16
印　　张：	15.75 印张
字　　数：	172 千字
定　　价：	68.00 元

版权所有　翻印必究　·　印装有误　负责调换

前言 PREFACE

我早年留学日本，获得大阪大学工学硕士、博士学位。回国后，有幸进入世界 500 强企业理光深圳公司工作，从事经营管理工作多年。在经营实践中，通过学习和运用精益管理思想和方法，在提升企业经营效益和帮助员工成长等方面，都取得了显著的成效。

从 2000 年开始，我和几位伙伴一起创办了 3A 顾问公司，立志"传播精益思想，做强中国企业，助推民族复兴"，并以创新、务实和敢于承诺效果的咨询模式，向客户提供精益管理咨询服务。

在服务客户的过程中，我们发现：要想让精益管理活动取得期望的成果，并逐步形成创新的企业文化，最大的难点在于调动员工参与改善创新的积极性。如何突破难点，促进全员参与，我们总结出了"333 精益推进策略"。第一个"3"是三个思想，包括一个将精益进行到底的信念、一套精益管理哲学和一个精益活动蓝图和计划；第二个"3"是三个职能，包括一个常设革新推进组织、一位精益管理活动操盘手和一批积极行动的精益改善先锋；第三个"3"是三大改善活动机制，包括现场上台阶改善活动机制、员工微创新提案机制和绩效大课题改善机制。

通过持续运营现场上台阶改善机制，可以把一线员工组织起来，并按照循序渐进和持续提升的原则，全员参与改善，持续优化现场管理秩序，提升设备管理水平。通过导入员工微创新提案机制，引导全体员工关注自己的工作，发现工作中的问题或不足，并予以持续改善。通过绩效大课题管理机制，可以把团队中的精英组织起来，解决部门内或跨部门的重要课题，持续提升企业经营效益。

三大改善机制是系统推进精益管理的核心内容，更是保障精益管理活动取得成果的重要抓手，是精益管理中的重中之重。

本书的第一章，对精益全员改善活动的定义、愿景、目标、路径等内容进行了叙述，并就活动推行中常见的问题以及活动推进技巧进行了讲解。

本书的第二章，对现场上台阶改善活动机制各个导入阶段的活动步骤、活动内容、活动方法和活动成果等进行了介绍。

本书的第三章，重点介绍了员工微创新提案制度，并对员工微创新提案活动中的误区，员工提案的提交、处理、奖励流程以及促进员工广泛参与的方法等进行了说明。

本书的第四章，介绍了绩效课题的来源、解决问题的流程和项目管理的方法等，并以生产线效率提升为主线，讲述了课题改善中发现问题、分析问题和解决问题的逻辑、路径和方法。

阅读本书，读者不仅能够懂得精益管理中三大改善活动机制的重要作用，还能够学会持续运营三大改善活动机制的方法、路径和技巧。重复阅读本书，读者甚至可以照着书里讲授的方式方法，尝试在企业里导入精益管理活动，相信能够取得很好的成效。

目录

CHAPTER 1
工厂全面改善如何成功实施

一、全面精益改善为何这么难 /005
　（一）什么是工厂全面精益改善 /005
　（二）工厂全面精益改善难在哪里 /006
　（三）如何培养员工改善变革之心 /008

二、全面精益改善的三大抓手与思想理念 /014
　（一）全面精益改善的三大抓手 /014
　（二）全面精益改善的三大管理思想 /016
　（三）全面精益改善的哲学思想 /018
　（四）全面精益改善期待的效果 /022

三、全面精益改善四大步骤 /027
　（一）全面精益改善活动导入的准备 /029
　（二）全面精益改善活动的启动 /035
　（三）全面精益改善活动的推进 /036
　（四）改善活动成果总结和提高 /037

四、全面精益改善成功的诀窍 /039
　（一）推进过程中的三个重点工作 /039
　（二）推进工作的人才准备 /041

（三）成功推进精益改善的三大技巧　　　　　/042
（四）成功推进全面精益改善活动的三个动力　/044

CHAPTER 2
现场上台阶改善机制

一、让问题消灭在萌芽状态　　　　　　　　　　/049
　（一）自主保全与现场上台阶改善活动　　　　/050
　（二）现场上台阶改善活动让自主管理
　　　　成为可能　　　　　　　　　　　　　　/051
　（三）正确认识和规划自主保全　　　　　　　/052
　（四）微缺陷成长和倍增法则　　　　　　　　/054
　（五）现场上台阶改善活动全面提升
　　　　企业现场力　　　　　　　　　　　　　/056
　（六）现场上台阶改善活动导入的步骤　　　　/059
二、现场上台阶改善活动概要　　　　　　　　　/062
　（一）初期清扫与微缺陷治理　　　　　　　　/063
　（二）"两源"改善　　　　　　　　　　　　　/066
　（三）清扫、润滑和点检标准拟定　　　　　　/068
　（四）操作、点检工作效率化改善　　　　　　/069
　（五）自主管理体制的建立　　　　　　　　　/070
　（六）现场上台阶改善活动导入五个步骤
　　　　之间的关系　　　　　　　　　　　　　/071

（七）现场上台阶改善活动导入阶段完成后
　　　　怎么办　　　　　　　　　　　　　　　　/072
三、现场上台阶改善活动导入　　　　　　　　　　/073
　　（一）推进组织的建立　　　　　　　　　　　/073
　　（二）现场上台阶改善活动基础知识的培训　　/074
　　（三）现场上台阶改善活动方针的制定　　　　/075
　　（四）导入过程中的几个重点工作　　　　　　/076
四、初期清扫与微缺陷治理活动推进　　　　　　　/078
　　（一）识别初期清扫实施的对象，制订
　　　　活动计划　　　　　　　　　　　　　　　/078
　　（二）集中消除微缺陷　　　　　　　　　　　/079
　　（三）有效的推进办法：问题票活动　　　　　/079
　　（四）阶段活动成果总结与诊断实施　　　　　/082
五、发生源和困难源改善　　　　　　　　　　　　/084
　　（一）登记发生源和困难源，制作改善计划　　/084
　　（二）对问题进行对策改善　　　　　　　　　/086
　　（三）问题改善对策的常用工具　　　　　　　/088
　　（四）阶段改善成果总结与诊断验收实施　　　/091
六、点检或作业标准的推进　　　　　　　　　　　/092
　　（一）为了使操作者胜任，对操作者的教育　　/092
　　（二）点检项目的确定　　　　　　　　　　　/092
　　（三）点检表的制订与点检的实施　　　　　　/094
　　（四）阶段改善成果总结与诊断实施　　　　　/096
七、点检和作业效率的推进　　　　　　　　　　　/097
　　（一）点检内容的简化和优化　　　　　　　　/097
　　（二）"可视化管理"活动的开展　　　　　　 /098

（三）点检通道的设置　　/102
　　（四）小创意可视化管理改善　　/103
　　（五）阶段改善成果总结与诊断实施　　/104
八、构建自主管理体制　　/105
九、现场诊断的准备与运营　　/108
　　（一）上台阶活动二级诊断概要　　/108
　　（二）改善成果的总结　　/109
　　（三）诊断申请与诊断实施流程　　/109
　　（四）诊断申请与实施过程中的注意事项　　/110
　　（五）上台阶活动诊断相关表格　　/111

CHAPTER 3
员工微创新提案活动

一、员工微创新提案活动与全员参与　　/118
　　（一）员工微创新提案活动与提案的
　　　　　自主实施　　/118
　　（二）微创新提案不同于提建议　　/119
　　（三）员工微创新提案活动的积极意义　　/121
二、走出提案活动的误区　　/123
　　（一）认为提案活动片面追求数量，
　　　　　质量不高　　/123
　　（二）担心无法区分哪些是分内工作，
　　　　　哪些是改善　　/124

（三）担心员工会为钱写提案，影响本职
　　　　　工作　　　　　　　　　　　　　　　/125
　　（四）担心管理水平提高后，提案会越来
　　　　　越少　　　　　　　　　　　　　　　/126
　　（五）担心等级评价由部门长决定，会产生
　　　　　不公正现象　　　　　　　　　　　　/127
　　（六）重奖提案者，或按改善金额比例发放
　　　　　奖金　　　　　　　　　　　　　　　/127
　　（七）认为安装提案箱，就可以收到员工
　　　　　提案　　　　　　　　　　　　　　　/128
三、员工微创新提案活动的标准化管理　　　　　　/129
　　（一）微创新提案格式的标准化　　　　　　　/130
　　（二）微创新提案评价办法标准化　　　　　　/133
　　（三）制定一个有形效果核算基准　　　　　　/135
　　（四）无形效果的衡量办法　　　　　　　　　/136
　　（五）要"符号化"提案奖励金额　　　　　　/137
　　（六）提案受理、处理程序　　　　　　　　　/138
四、激活员工微创新提案活动的办法　　　　　　　/140
　　（一）从组织和管理机制入手　　　　　　　　/141
　　（二）运用良好形式，促进活动趣味化　　　　/142
　　（三）培养员工强烈的问题意识　　　　　　　/145
　　（四）培养员工积极的行动意识　　　　　　　/146
　　（五）激活员工微创新提案活动的原则　　　　/147
　　（六）员工微创新提案活动激活程度的评价　　/151
　　（七）人性决定了改善活动必须经历三个
　　　　　阶段　　　　　　　　　　　　　　　　/154

V

五、认识管理中的问题点　　　　　　　　　　　　/156
　　（一）购买、使用方面的问题　　　　　　　　/157
　　（二）物流、搬运方面的问题　　　　　　　　/158
　　（三）作业动作方面的问题　　　　　　　　　/159
　　（四）加工作业方面的问题　　　　　　　　　/160
　　（五）管理业务方面的问题　　　　　　　　　/161
　　（六）事务工作方面的问题　　　　　　　　　/162
　　（七）安全及 5S 方面的问题　　　　　　　　/163
六、员工微创新提案活动事例学习　　　　　　　　/164
　　（一）员工微创新提案活动管理标准范例　　　/164
　　（二）优秀改善案例　　　　　　　　　　　　/165

CHAPTER 4
绩效大课题管理活动

一、用绩效大课题管理活动来提升经营效益　　　　/174
　　（一）目标指引下的绩效大课题管理活动　　　/174
　　（二）生产效率改善　　　　　　　　　　　　/177
　　（三）质量改善活动　　　　　　　　　　　　/177
　　（四）安全、卫生及环境改善　　　　　　　　/179
　　（五）初期管理体制的建立　　　　　　　　　/180
　　（六）间接部门效率改善　　　　　　　　　　/181
二、课题的定义与成果评价　　　　　　　　　　　/182
　　（一）从管理体系看管理问题　　　　　　　　/183

  （二）从倾听和工作结果中发现问题 /185
  （三）从目标入手发现问题 /186
  （四）从 4M 入手发现问题 /187
  （五）从部门损益表中发现问题 /188
  （六）决定课题的优先顺序 /189
  （七）改善成果评价与指标体系构建 /190
三、绩效大课题改善的 PDCA 方法 /193
  （一）PDCA 与 SDCA 管理循环 /193
  （二）解决问题八步法 /195
四、大课题改善的项目管理 /198
  （一）大课题改善的项目管理 /199
  （二）课题申报和登录管理 /201
  （三）课题的分级与课题任务的落实 /203
  （四）绩效大课题管理活动的计划 /204
  （五）绩效大课题管理活动的进度管理 /205
  （六）课题完成度评价 /207
  （七）为什么说改善是无止境的 /209
五、绩效大课题改善制度样例 /211
六、如何提高生产效率 /213
  （一）生产效率化改善的基本思路 /213
  （二）影响生产效率的十六大损耗 /214
  （三）设备方面的七大损耗 /216
  （四）计划停机损耗 /219
  （五）人员效率方面的五大损耗 /219
  （六）材料投入等方面的三大损耗 /221

（七）管理活动中的损耗构造图　　/222
　　（八）设备方面的损耗构造及效率计算　　/222
　　（九）人员效率方面的损耗和劳动生产率　　/225
　　（十）材料投入等三大损耗的计算　　/227
七、生产效率化改善示例　　/228

CHAPTER 1

工厂全面改善
如何成功实施

一次难忘的工厂参观活动

1995年,我被派往日本理光集团的沼津公司学习精益管理,从此认识了我的精益启蒙老师饭田先生,他是理光集团常务董事。在正式学习之前,主人的接待和第一天的参观活动让我印象深刻,终生难忘。

当我走出东京机场的时候,总务部的一位女士已经等在了机场出口。从机场前往酒店的路上,她一直在给我介绍沿途的风光,感觉比导游还专业。后来我问企业老板,她是从旅行社招的员工吗?老板说不是,她就是总务部的普通员工,一路上的讲解是他们的一个精益改善成果而已。

回到酒店,这位女士对我说:"今晚饭田先生要为您接风,请先到房间休息一下。"她顺手递给我一个信封。来到房间,简单洗漱之后,我打开信封,里面装着三份内容。第一份是管理部长签发的欢迎词。第二份是未来两周详细的学习计划。第三份是温馨提示,包括未来两周的天气情况,穿戴要注意什么;酒店周围的交通和治安情况如何,外出的时候要注意什么;附近的餐厅情况,可以怎么选择;最后是紧急联系人及其电话。后来,老板告诉我说,这也是总务部员工精益改善的成果。

第二天早上,我被接到工厂,门口的保安是一位和蔼可亲的长者。他说:"刘先生好!昨天就接到通知,今天有来自中国的尊贵客人,所以我早早就升起了贵国的国旗。"我在日本留学7年,从来就没有受到过这样的礼遇,我深受感动。后来饭田先生告诉我,这是保安部的精益改善成果。

进到企业,每到一个部门,员工们都会给我介绍他们部门的"景点"。从前只知道北京有什么景点,东京有什么景点,工厂里有景点还是头一回听说。仔细看了之后我发现,所谓的"景点"就是现场看得见的员工改善成果。改善景点应接不暇,让我大开眼界,内心深受启发,还专门拍了许多照片。

在生产管理部门,部长抱出一大卷纸,说是老板一定要给我看的好东西。在办公室通道上,他把卷纸展开,足足有几十米长,最里面的部分都发黄了。在发黄的纸上,记录着过去10年持续开展的一项改善活动,即库存低减的分析改善。经过整整10年的持续改善,库存时间从30多天减少到3天左右。令我震撼的不是改善成果本身,而是日本人对目标和改善的那种执着的信念和持续的追求。

在参观的最后,一面足有几十米长的改善墙让我印象深刻,这面墙被员工巧妙地规划为春、夏、秋、冬四个部分。

第一部分是春天,春天是播撒种子或孕育思想的季节,在这里,张贴着公司老总的理念、思想和目标,以及员工认真学习和积极思考的图片和文字。

第二部分是夏天,夏天是劳作的季节。在这里,记录着老板和员工一起改善的感人场面。

第三部分是秋天,秋天是收获的季节。在这里,展现着员工的大量改善案例和改善成果。

第四部分是冬天,冬天是思考的季节。在这里他们思考企业对社会的责任。他们提出的目标是用3年时间创建一个无垃圾工厂。

整个工厂参观活动亮点纷呈，最让我难忘的是这家企业里满怀激情的员工。看得出来，他们很享受这里的工作，而且充满感恩。

我感动了，然后行动了！回到深圳理光之后，我开始学着做精益。在深圳理光成功之后，我又把精益管理推广到上海理光，同样获得了成功。再后来，我和几个伙伴一起创办了3A精益管理顾问公司。到目前为止，我们已经帮助千余家国内企业导入精益管理，取得了巨大的成功。

一、全面精益改善为何这么难

（一）什么是工厂全面精益改善

所谓工厂全面精益改善，就是围绕企业经营战略，动员全体员工以个体或小集团形式进行的旨在全面提升企业经营绩效的改善活动。对企业来说，全面精益改善既是手段，又是目的。

说它是手段，指的是通过全面精益改善，企业可以持续提升经营效益P（Profit）、产品质量Q（Quality）、生产成本C（Cost）、交货期D（Delivery）、安全S（Safety）、员工士气M（Moral）等经营绩效的方方面面。说它是目的，指的是全面精益改善本身是企业软实力的重要组成部分，企业持续开展全员参与的全面精益改善活动，为的就是培育企业改善创新文化。

我们通过对一些成功推进持续精益改善活动的企业，如丰田、三星、理光等进行详细的分析研究，充分识别5S、TQC、TPM、IE、VSM、6Sigma、阿米巴和OKR等方法论上的不足，对工厂全面精益改善做了更符合中国企业实际的定义，如表1-1所示。

表 1-1　全面精益改善的定义

定义
①以建立健全追求管理系统极限效率的企业体制为目标
②从企业管理的全过程（设计、生产、存储、销售等环节）出发
③通过运行全面精益改善三大活动机制
④促进公司员工全员参与，持续提升企业经营绩效，构建企业竞争优势

在长期顾问实践中，我们真正找到了解决员工参与不足等问题的命门，并开发出高效简便且卓有成效的工厂全面改善活动机制。这个定义最重要的贡献在于，强调了三大活动机制在促进和约束管理者及员工参与改善活动中的关键作用。三大活动机制：以员工为中心的员工微创新提案活动；以现场为中心的上台阶改善活动；以效益为中心的绩效大课题管理活动。

在企业内培育全面改善创新文化是一个持续不断的过程，需要思想理念的指引，需要管理机制的约束，更需要企业领导的率先垂范和不懈坚持。

（二）工厂全面精益改善难在哪里

人们开发并运用各种各样的改善系统、方法和工具，试图通过这些改善，持续提升企业经营绩效。他们深信，只要拥有正确的精益思想，掌握科学的改善方法，再加上管理者和员工积极的改善行动，就一定能够获得靓丽的改善成果。

改善成果（精益成功）= 正确思想 × 改善方法 × 改善行动

看上去毫无难度的逻辑推理，为什么许多企业却不得要领，不能取得期望的效果？

人们不禁会问，企业动员员工改善为什么这么难？

实践经验告诉我们，正确的思想理念可以学，科学的改善系统和方法也可以学，难就难在如何获得乃至持续获得管理者和员工的改善行动。没有管理者和员工积极参与改善，全面精益改善终究是"水中月、镜中花"。

可见，企业在改善活动中难以获得成果，归根结底是因为缺乏员工参与改善的行动。也就是说，改善活动不能取得成功是因为员工缺乏改善变革之心。

是什么阻碍了企业员工变革之心培养？以下三项也许是问题的症结所在。

1. 工具迷信和意愿培养缺失

在推动精益改善过程中，人们始终热衷于工具或方法的学习，犯了迷信工具的错误。一旦有什么新的工具或方法，人们就如饥似渴地学习，花钱请进来，付费走出去，学了又学，错以为只要学好工具和方法，就能够取得改善成果。

一旦某个工具或方法学用之后没有产生效果，人们就会怀疑这个工具或方法可能不适用，马上想到学习和尝试另一个工具或方法。如此循环往复，耗费精力和金钱不说，最大的问题是让管理者和员工无所适从，最后失去了他们的信赖。

精益改善活动要取得成果，光有理念和工具是远远不够的，要走出迷信工具的误区，并在培养员工参与意愿上多下功夫。采用各种活性化手段，营造浓厚的改善氛围，是改善活动取得成果的重要保障。

2. 结果至上和过程辅导缺失

许多企业经营者信奉"只要结果，不问过程"的思想，在推进精益改善活动中也是如此。具体表现为，企业领导高高在上，提出一些看上去很美好的结果目标，自己却远离现场，远离员工，不能身体力行参与其中，这样的改善活动终究不会获得好的效果。美好的结果目标终将是经营者的一厢情愿罢了。

要始终把精益改善成果的落脚点放在员工和团队的成长之上。培养他们良好的问题意识，训练他们解决问题的能力，以及帮助他们达成目标是企业经营者的重要工作。所以，在全面精益改善中，领导需要身体力行，积极参与，并在过程中手把手教导员工做改善。

3. 制度迷信和改善机制缺失

人们早已经习惯甚至热衷于用制度约束员工，并试图通过绩效考核等制度措施调动员工的积极性，结果却往往令人失望。所以制度在促进员工积极参与改善方面的作用是有限的。

最好的办法是，持续运营具有硬约束的改善机制，创造一种不得不做改善的环境和条件。在改善活动初期尤其如此，只有这样做，我们才能帮助员工克服长期养成的行为惰性，化解活动中可能遇到的各种阻碍。

当然，长期运营改善机制，还会逐步培育出持续改善的企业文化，员工也将会因为深知改善有益于个人成长而乐此不疲。

（三）如何培养员工改善变革之心

对比不同企业的精益改善后我们发现，不同的企业员工参与程度不同，所收获的改善成果也不同。员工的参与程度是员工变革之心的外在表现。因此，如何培养员工改善变革之心就显得十分重要，是全面精益改善能否获得成功的关键。

改变一个人的行为很难，改变一个团队的行为更是难上加难。关于促进变革和改善的思考有许多，以下是对三种培养改善变革之心的思维和方法进行的对比分析，以便企业从中找出最高效的培养员工改善变革之心的办法。

1. 管理培训先行的思维

最具代表性的思维是管理培训，学习吸收，改善变革，收获成果。

改革开放以来，国内绝大多数企业基本上走的就是这条路。企业花钱把专家请进来培训，或者付费把员工送出去学习，为的是管理者和员工能够学以致用，通过积极行动收获改善革新成果。

事实证明，通过管理培训和学习吸收，让管理者和员工拥有改善变革之心的情况少之又少，转化率极低。即使有少数员工因为管理培训获得了改善变革之心，甚至尝试采取改善革新行动，也会因势单力薄和各种阻碍而慢慢消沉下来。可见，这种做法投入大、成本高、收效甚微。

在三峡地区有一家企业，为了提升管理水平、促进变革，在公司内组建了高、中、低三个管理学习班，请了许多专家教授讲学，花费了不少经费。可是两年之后，管理一切照旧，更不能奢望收获改善革新成果。最终企业高层找到了我们，专家顾问通过调研发现，那些经历了两年管理培训的成员确实懂得了许多管理思想，知道了许多管理工具或方法，但是他们并不清楚如何学以致用，往往还以学到了许多知识而倍感骄傲，非但没有反省自己不能学以致用的原因，而且把矛头指向一线员工，认为管理水平不能提升是因为员工素养和能力太差。

2. 目睹问题先行的思维

第二种思维是目睹问题，感受压力，改善变革，收获改善革新成果。

显然，这种思维要比前一种思维更接地气，更有可能取得成果。把问题展示出来，让管理者和员工目睹问题，通常会激发他们想改变现状或挑战目标的情绪。只要引导得当，培养他们的改善革新之心，促使他们采取改善革新行动是有可能的。

事实也是如此，我们看到有些企业把各种管理问题张贴在管理看板上，并要求相关责任人在限期内解决问题。只要高层具备较强的领导力，往往这些问题会得到较快、较好的解决，并收获改善革新成果。还有些企业领导人善于采用走动式管理，在各管理现场指出存在的问题，要求相关部门责任人记录并跟进问题的解决，也能收到相应的改善革新效果。

当然，这种一事一议做法的结果是：改善革新效率太低，与企业领导的全然付出相比，显然"性价比"太差，不值得推广。有的企业采取了更聪明的做法，聘请一批 IE 人才，要求他们每天到现场发现问题，直接参与解决问题或督促相关责任人解决问题。这样既可以避免公司领导亲力亲为，又能够扩大解决问题的规模，理应收获更多的改善革新成果。

但是新的问题又来了，这种工作模式通常会引起员工的反感甚至抵触。自己的问题每天被别人指指点点确实容易产生被冒犯的感觉，这是一件十分不体面和伤自尊的事情。

有这样一个案例：某企业领导认为现场改善革新速度不够

快,为了加快步伐,从外部请了一位经验非常丰富的 IE 专家,授权他在全公司范围内找问题,督促员工改善。这位专家技术精湛,总能敏锐地看到各种浪费,他十分敬业,对员工的督促毫不留情,一时间革新改善进度确实很快。但是好景不长,有一天员工聚众罢工,问其缘由,回答是:"这位 IE 专家很厉害,干脆让他一个人把所有事情都做了吧。"为了平息事态,领导不得已忍痛割爱,把这位敬业的 IE 专家辞退了。

3. 改善行动先行的思维

经过长期的顾问实践,我们提出了一种全新的改善革新之心培养模式,具体步骤是改善行动体验,收获自信,改善变革,收获改善革新成果。

经过多年实践检验,我们发现这个模式不仅在培养改善革新之心和促进员工参与方面十分有效,而且快乐、和谐和可持续。与前两种思维相比,这是转化率最高的改善变革之心的培养模式。

第二种模式是从展示并让员工目睹问题开始,我们倡导的模式却是从启发员工自己发现问题和动手解决问题开始,出发点不同,收获的成果也大不相同,做法如下。

① 选取某一类(*而不是某一个*)与员工当前的意识和能力相匹配的问题,制作识别、记录和解决此类问题的实用教材。在改善革新之初,通常选取如整理整顿或小布局调整等简单问题比较合适。

② 针对所选类别的问题,对员工进行细致的解说和讲解,并确认相关员工是否真正理解、识别和解决此类问题。

③ 具体辅导这些员工识别、记录和解决所选类别的问题,并手把手指导他们,用指定格式把改善革新成果进行总结。

④有计划地组织改善案例发表会,让员工代表就一些有典型意义的事例发表讲解,接受公司领导和同人的检阅与喝彩。

这样做的好处是显而易见的,我们始终把员工看成现场的主人,是识别问题和解决问题的主体,变被动解决问题为主动解决问题。若让员工亲身体验识别问题和解决问题的过程,不仅有利于员工意识和能力的提升,还可以帮助员工尽快树立信心和培养兴趣。

如此循环往复,我们可以不断升级问题的广度和难度,持续提升员工识别问题、解决问题的意识和能力,并逐步培养优秀的改善革新文化。

有这样一个事例非常有启发意义:我们辅导深圳一家世界500强企业的工厂做精益改善,为了提升某条生产线的生产效率,我们按照以下步骤展开工作。

①我们结合这条生产线的特点和浪费问题,制作了一份简单易懂的关于《动作分析和效率提升》的学习资料。

②我们对生产线共80多名作业员工进行了一次集中培训,用录像和图解的方式细致讲解工序分解、动作分析及消除浪费的事例和方法。与此同时,我们还针对效率提升工作进行了动员,建议大家来一次识别浪费和消除浪费的竞赛,看谁做得好、做得快。

③我们给每位员工发了一份《工序分解分析表》,动员每位员工如实记录自己工序的每一个动作及动作时间。

④所有员工在约定时间内积极提出并具体实施减少甚至消除浪费的改善。

用了不到三个月,这条生产线效率提升了近40%,受到了公司高层的高度赞赏。从此之后，这条生产线的员工信心倍增，改善革新之心被完全点燃，成为全公司改善革新活动的标杆。

这个事例告诉我们：亲身体验解决问题的过程，要比目睹问题更能激起员工改变的意愿，更能培育改善变革之心。

二、全面精益改善的三大抓手与思想理念

（一）全面精益改善的三大抓手

1. 三大活动机制的内容

为了让精益改善有效地覆盖企业管理的所有方面，我在推动改善活动的过程中进行了很多探索和尝试，最终确立了全面精益改善三大活动机制，如图1-1所示。有了三大活动机制的约束，等于管理者有了推动改善活动的重要抓手，员工参与就有了很好的平台和轨道。

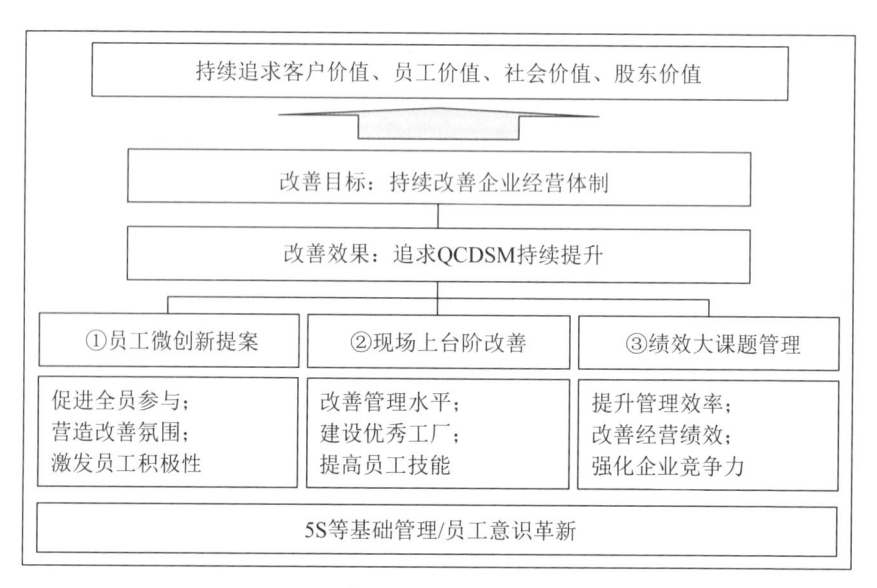

```
持续追求客户价值、员工价值、社会价值、股东价值
                    ↓
改善目标：持续改善企业经营体制
                    ↓
改善效果：追求QCDSM持续提升
    ↓            ↓              ↓
①员工微创新提案  ②现场上台阶改善  ③绩效大课题管理
促进全员参与；   改善管理水平；   提升管理效率；
营造改善氛围；   建设优秀工厂；   改善经营绩效；
激发员工积极性   提高员工技能     强化企业竞争力
                    ↓
        5S等基础管理/员工意识革新
```

图1-1 全面精益改善三大活动机制

三大活动机制定义如下。

①以员工为中心的微创新提案活动。

　　Total Progressive Movement。

②以现场为中心的上台阶改善活动。

　　Total Productive Maintenance。

③以效益为中心的大课题管理活动。

　　Total Profit Maximization。

以上三大活动是我长期推进精益改善活动的总结，是经过实践证明的有效机制。

2. 三大活动机制的积极意义

以上三大活动机制，以及我推进此项活动至今的经验来看，可以将三大活动机制的特点如下概括说明。

①三大活动机制简洁高效，可以在较短的时间内取得经营者期待的效果。中小型企业2～3年，大型企业3～5年，不仅可以取得十分显著的改善成果，而且能够形成改善创新文化。

②三大活动机制有相对独立的活动内容，各个部分可以分期、分步实施，这样可以采取集中精力各个击破的办法有序导入，获得预期效果。

③三个活动机制之间相互关联，互相促进，某一方面的有效实施可以很好地影响和促进其他方面工作的开展。具体来说，如果现场上台阶改善活动做得好，员工就能够提出很多好的微创新提案。通过现场上台阶改善活动和员工微创新提案活动的历练，员工解决问题的意识和能力随之提升，为绩效大课题管理活动奠定基础。只要绩效大课题管理活动做得好，就会涌现出大量的员工微创新提案。绩效大课题改善活动的成果通常是由无数个微创新提案累积而成的。

④员工微创新提案活动机制作为一个很好的活动形式，可以促进员工广泛参与，极大地调动员工积极性和主动性。

⑤三大活动机制中的绩效大课题管理活动还可以成为企业利润经营和方针目标管理的主体内容之一，帮助企业全面提高经营效益。

总之，这些特点决定了全面精益改善三大活动机制可以有效促进员工参与，更好、更快地为企业效益提升和体制改善服务。只要积极推进全面精益改善活动，必将给企业增添无限活力，持续提升企业竞争力水平。

（二）全面精益改善的三大管理思想

为了有效开展全面精益改善活动，需要认真学习和领会预防哲学、"零"化目标、小集团活动与全员参与三大管理思想。

1. 预防哲学

预防哲学是全面精益改善的核心思想，预防哲学的内容如图1-2所示。在工厂管理中，要做到"预防为主，治疗为辅"，通过确立预防条件，研究并落实预防方法，防患未然。通过日常预防、定期检查和提前治理，从而排除物理性、化学性缺陷，排除强制劣化，消除工厂管理中存在的慢性不良问题，延长工厂、设备和工具的使用寿命，减少浪费现象的发生。

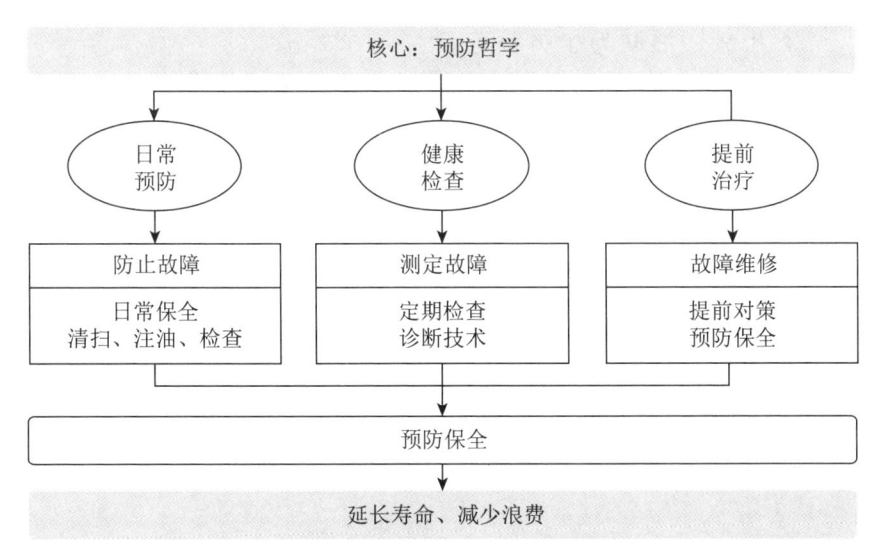

```
                    核心：预防哲学
         ┌─────────────┼─────────────┐
      ┌──┴──┐       ┌──┴──┐       ┌──┴──┐
      │ 日常 │       │ 健康 │       │ 提前 │
      │ 预防 │       │ 检查 │       │ 治疗 │
      └──┬──┘       └──┬──┘       └──┬──┘
   ┌─────┴─────┐ ┌─────┴─────┐ ┌─────┴─────┐
   │  防止故障  │ │  测定故障  │ │  故障维修  │
   ├───────────┤ ├───────────┤ ├───────────┤
   │  日常保全  │ │  定期检查  │ │  提前对策  │
   │清扫、注油、检查│ │  诊断技术  │ │  预防保全  │
   └─────┬─────┘ └─────┬─────┘ └─────┬─────┘
         └─────────────┼─────────────┘
                  ┌────┴────┐
                  │  预防保全 │
                  └────┬────┘
              ┌───────┴────────┐
              │ 延长寿命、减少浪费 │
              └────────────────┘
```

图 1-2　预防哲学的内容

2. "零"化目标

所谓"零"化目标，具体是指零缺陷、零事故、零灾害、零损耗等，是引导企业向前发展的路标。在制订企业目标的时候，全面精益改善要求企业追求"零"化目标，即追求一种极限目标。追求零缺陷，就是要求企业充分发挥人的主观能动性，发掘员工的智慧来进行管理，生产者要努力使自己的产品、业务不产生缺点，并向着高质量标准目标努力。因此，"零"化目标是管理所追求的最高境界，需要我们持之以恒地追求。

零缺陷、零事故、零灾害、零损耗等"零"化目标可以从两个方面来加以理解：如果竞争对手或者同行的管理水平还没有达到"零"化目标时，那么企业就应当追求"零"化目标；如果竞争对手也在追求"零"化目标，或者已经接近"零"化目标，那么企业就应该用速度制胜，以更快的速度靠近"零"化目标。追求"零"化目标就是为了建立企业的竞争优势。

3. 小集团活动与全员参与

小集团活动是全面精益改善的一种很好的活动形式，是实施课题改善或现场自主管理的基本单位。企业应当通过在其组织内部构建起各种各样的改善小集团，让更多的员工参与到一个或多个改善团队中去，创造全员改善的条件和氛围。如果缺乏这种小集团活动，那么企业的改善活动也就失去了群众基础，是很难获得成功的。

（三）全面精益改善的哲学思想

为了唤起员工自尊，促进员工参与，营造良好的改善氛围，我们必须始终遵循一些重要的精益管理思想和原则，值得我们认真学习，坚决执行。

1. 领导力心法

（1）立志，立心，以终为始。

树立崇高职业理想、信念，并以此作为经营的初心和原点，积极实践，一以贯之。

（2）态度积极，意志坚定。

拥有良好心态、正向思维，坚持高效执行、持之以恒。

（3）相信因果，培养利他之心。

因果律是自然法则和宇宙规律，利他是因，利己是果。所以一定要相信，利他之后才能利己，逐步培养利他之心。

（4）学会爱与自爱。

爱是关注并帮助他人成长的意愿和行动。要获得爱他人的能力，就要懂得爱自己，学会关注自己的不足，促进自己心智、意识和能力的成长。

（5）常怀自省之心。

行有不得，反求诸己是先贤教导。凡事未能获得预期效果，要主动承担责任，虚心反省自己的不足，只有这样，才能获得进步和成长。

（6）倾听与综合。

只有耐心、诚心地听，才能听到对方的心声，获得有益的信息。然后，在分析的基础上进行综合，找出事物的本质和规律，以便协调立场，统一意志。

（7）拥抱变化，挑战自我，推动创新。

经营环境快速变化，经营企业就像逆水行舟，不进则退。领导者要时刻与惰性和懈怠作斗争，拥抱环境变化，挑战自我设限，推动团队创新。

2. 精益经营哲学十条

（1）要相信精益的力量。

精益不等于结果，也不等于工具或方法，精益是企业经营的一种终极文化信仰，是团队朝着理想的高目标，持续创新和改善的过程。

（2）造物先育人。

造物和育人是企业经营的两大任务。造物是企业经营的目的，需要建设造物系统；育人是企业经营的手段，需要运营育人机制。造物系统是船，育人机制是水，水涨才能船高。

（3）精益以自动化和准时化为原则。

在管理实践中，既要设法找到傻瓜都不犯错的自动化机制和方法，追求零缺陷；又要以实现准时化为目标，倒逼员工对系统和过程可靠性进行持续改善。

（4）精益崇尚防微杜渐和防患未然。

越是在源头解决问题，效率越高，损失越小。精益不仅要引导员工关注和解决大问题，更要鼓励员工关注和解决小问题，防微杜渐，并逐步做到防患未然。

（5）答案在现场。

远离现场，纸上谈兵，不仅不能解决问题，还会让问题变得复杂。只有亲近现场，在现场分析和解决问题，才能及时找到切实有效的答案。

（6）现场力就是竞争力。

现场力，就是现场员工维持和改善的能力，现场力是感动客户，营销客户的关键力量，所以要眼睛盯着市场，功夫下在现场。

（7）精益主张全员参与。

问题普遍存在于生产、研发、营销和经营活动的所有方面，人人有问题，人人要改善，所以精益主张全员参与。

（8）激发问题所有者自主解决问题。

问题是有所有权的，侵犯问题的所有权是令人不快的伤自尊行为。最好的做法是，尊重问题的所有者，设法引导和激发问题的所有者自主解决问题。

（9）人造环境，环境育人。

为了培养员工改善创新之心，从改变行动开始比从改变观念开始更有效。因为行动变，结果变，然后观念变，坚持下去，最后习惯就会变。正所谓人造环境，环境育人。

（10）以"穷人思维"，实现"富人循环"。

既要以"穷人思维"和节俭态度消除浪费，又要像富人那样，让团队拥有资源和时间的富余，引导他们投入这些富余进行改善创新，以便创造出更多的富余，实现"富人循环"。

3. 精益改善十原则

（1）打破固有观念。

敢于突破固有观念束缚，站在不同角度或更高处审视自己的工作，寻找新的改善切入点。

（2）穷则变，变则通。

有问题不可怕，可怕的是放任或逃避问题。正确的做法是，视问题（**穷**）为机会，敢于暴露问题，通过改善跨越障碍（**变**），达成目标（**通**）。

（3）不找理由，多想办法。

遇到问题不找理由，虚心反省自己的责任和不足，多想解决问题的办法。

（4）刨根究底。

养成刨根究底，多问几个为什么的好习惯。只有这样，才能找出发生问题的根本原因，让改善获得预期效果。

（5）改善从我做起。

改善是行动的哲学，有行动才会有结果，改善要从我做起。

（6）改善方案不求完美，要立即行动。

想到好的改善方案，要立即实施，即使方案并不完美也无妨，可以基于实施结果进行再改善。

（7）从身边能做的改善做起。

改善不能好高骛远，要脚踏实地，从身边不花钱、少花钱及能做的做起。

（8）包容非故意犯错，错了马上改善。

学会包容工作中的非故意犯错，也包容改善中可能出现的错误。发现错了马上就改，不要拖延。

（9）集思广益。

三个臭皮匠，顶个诸葛亮。改善要懂得集思广益，挖掘团队智慧，凝聚团队力量。

（10）改善无止境。

精益改善，没有最好，只有更好。要以精益为信仰，以"零"化目标为导向，相信一定存在比现在更好的方法，不断改善。

（四）全面精益改善期待的效果

1. 全面精益改善追求的目标

全面精益改善活动要达成的四大目标为：灾害"零"化、故障"零"化、不良率"零"化及浪费"零"化。在全面改善活动过程中，要把须改善的事物变成一个个具体的管理项目，再根据这些管理项目是否朝着好的方向变化和发展，对管理目标做出不断调整与优化。因此，全面改善四大目标是一个持续的动态过程。只有以四大目标为改善的终极目标并持之以恒，才能持续提高企业管理水平。

2. 全面精益改善期待的效果

全面精益改善活动期待的效果是多方面的，也是极其丰富的，这些效果主要包括以下几方面的内容。

①经营效益 P（Profit）；

②产品质量 Q（Quality）；

③生产成本 C（Cost）；

④交货期 D（Delivery）；

⑤安全 S（Safety）；

⑥员工士气 M（Moral）。

除此之外，还有工厂面貌、企业形象、员工能力和企业文化等方面的内容。所有这些改善成果可以分成有形效果和无形效果两大类。有形效果是指那些直接可以用金额等数字形式进行描述的部分，无形效果则是那些无法或者很难用金额或数字来描述的内容。

（1）有形效果。

全面改善活动的有形效果主要包括以下一些可以量化为金额的内容。

①经营绩效或利润提升。

②生产（人和设备）效率的提高。

③不良品率降低。

④生产及管理周期缩短。

⑤库存量减少，资金积压减少。

⑥各类损耗降低，浪费减少，生产成本降低。

⑦顾客投诉减少，顾客满意度上升。

⑧员工提案和发明创造能力提升。

⑨其他有形效果。

（2）无形效果。

无形效果一般体现在员工、设备及企业管理状态的改变上。全面改善活动的目的是通过提升人的意识、能力、素养和设备的存在质量来彻底改变企业生存的质量和面貌。企业整体形象、员工素养和经营体制的改善正是这些无形效果的具体表现。无形效果主要包括以下几点。

①企业管理制度持续优化。

②企业全面改善文化形成。

③员工的改善意识、参与意识增强。

④员工精神面貌改观，企业凝聚力增强。

⑤员工自信心增强，能力水平提高。

⑥工厂面貌和企业形象改善。

⑦其他无形效果。

显而易见，无形效果尽管不能显现出经济效益，但是它能够对企业的长远发展带来更加深远的影响。特别是企业持续改善文化的形成，是构建企业持续竞争力（软实力）的核心内容，在导入全面精益改善的过程中，企业领导应该充分地认识到这一点。

某企业推进全面改善活动两年后的效果事例如表1-2所示，它有力地说明了全面改善活动的重要作用。

要使全面精益改善活动真正取得以上各项期待的效果，有效评价这些改善效果也是很重要的一环。因此，在推进改善活动的过程中，要认真把握企业管理各个方面的现状，并且要坚持对各个管理项目和管理指标进行长期的跟进。下面是一张制造成本推移图（见图1-3），对它进行长期跟进就可以清晰地看到，随着改善活动的开展，成本会持续向好（不断优化）。

表1-2　某企业改善活动效果事例

	管理指标		改善幅度
有形效果	P=利润	经营利润率	增20%
		人均产出率	增53%
	Q=质量	工序内不良率	减少至1/5
		不良率下降	91%
		客户投诉件数	减少至1/10
	C=成本	制造成本	减少35%
		材料成本	减少20%
		管理费用	减少28%
	D=交期	交期达成率	99%
	S=安全	重大设备故障	0
		人员工伤事故	0
		环境公害	0
	M=士气	改善提案件数	5倍
		发明或专利件数	3倍
无形效果	①在改善中沉淀出大量用以指导未来管理实践的管理智慧、管理标准		
	②由于上台阶改善活动的持续推进，人人都认识到自己的设备自己维护的重要性，相互依靠、相互埋怨的情绪消失，人与人之间的关系得以改善		
	③实现了管理水平的提高，员工的自信心增强了		
	④现场的油污没有了，灰尘没有了，设备漂亮了，场所整洁了，员工的心态也变得积极上进了		
	⑤展现给来访客户的是一个良好的企业形象，给客户以信心。改善革新的企业全面改善文化业已形成		

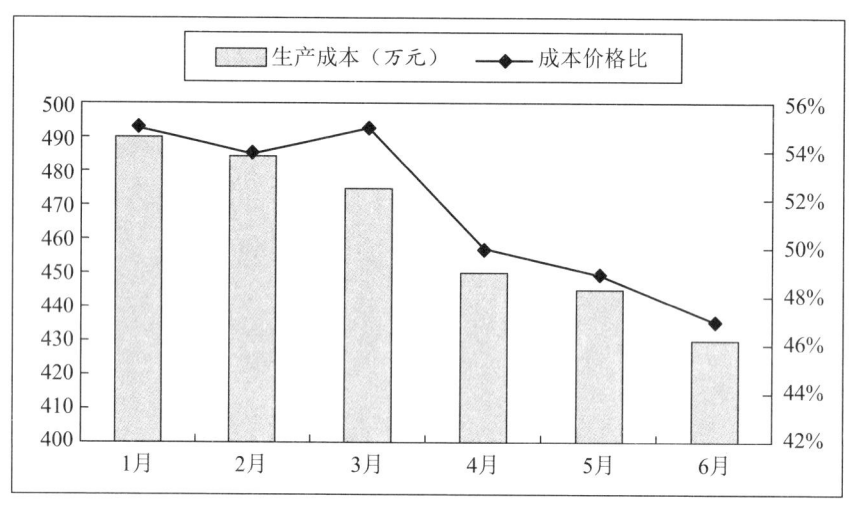

图1-3 制造成本推移图

  如果不是这样，领导就无法测评改善活动的效果，就无法正确评估员工的贡献和智慧付出。如果员工看不到改善活动的成果，得不到来自企业高层及时的评价、欣赏和激励，那么就会失去参与改善活动的热情和积极性。如果企业的高层看不到改善活动的成果，不能旗帜鲜明地支持改善活动，那么活动就得不到来自各方面的支持和响应。

三、全面精益改善四大步骤

全面精益改善活动的推进一般需要经历 4 个阶段，如表 1-3 所示，以及 12 个步骤，如表 1-4 所示。

表 1-3　全面精益改善活动推进的 4 个阶段

活动四个阶段	主要活动目标
1. 导入准备阶段	准备人力资源、组织资源等，制定活动目标和活动计划
2. 活动开始阶段	为活动导入造势，彻底改变工厂的现状，促进员工意识革新
3. 活动展开阶段	逐步导入三大活动机制，营造改善氛围，追求全员参与
4. 活动提高阶段	对三大活动机制进行标准化运营，持续提升企业管理水平，大力培育全员改善文化

表1-4　全面精益改善活动推进的12个步骤

阶段	活动步骤	活动要点
导入准备阶段	1. 公司高层决定导入全面精益改善活动	会议及其他场合宣布
	2. 改善培训和宣传	对干部和员工进行培训，进行必要的宣传宣导
	3. 推进组织的决定	决定公司活动推进组织，决定活动负责人
	4. 活动方针和目标设定	活动方针的酝酿，活动效果及目标的预测
	5. 制作全面精益改善活动大计划	活动导入开始至达成活动自主推进为止的大计划
活动开始阶段	6. 正式启动全面精益改善	以启动会、宣誓会等形式宣告活动启动
	7. 彻底的5S活动（上台阶改善活动的一部分）	开展彻底的5S活动，为后续上台阶改善活动打基础
活动展开阶段	8. 导入现场上台阶改善活动	提高工厂管理水平，提高班组自主保全意识和能力
	9. 导入员工微创新提案活动	营造改善氛围，促进人人参与
	10. 导入绩效大课题管理活动	以持续提升P、Q、C、D、S、M为目的
活动提高阶段	11. 活动成果总结	成果总结、揭示及报告，改善案例集制作
	12. 建立自主管理体制	改善活动推进工作规范化；使改善活动持续下去

全面精益改善活动推进的12个步骤只是活动导入的过程，导入结束并不代表活动结束，而是改善活动自主推进工作的开始。也就是说，全面精益改善活动只有开始，没有结束，要长期、持续、自主地推进。

导入阶段到底需要多长的时间？由于企业的规模和既有管理基础不同而有所区别，短的2~3年，长的3~5年即可基本完成全面精益改善活动的导入工作。

下面就全面精益改善活动的导入过程作一些简单叙述。

（一）全面精益改善活动导入的准备

全面精益改善活动是一项能为企业带来变革和效益的活动，要推进这项活动需要进行一系列必要的准备。

1. 公司高层宣布推进这项活动

企业高层的认识、意志是决定全面精益改善能否成功开展的关键，所以公司高层对活动的理解和认识是首先需要解决的问题。

导入这项活动还会有一定的资源（人力、物力和财力）投入，只有企业高层对这项活动充满信心时才能做出相应的决策。只要企业高层能坚定地促成活动的开展，那么全面精益改善活动将为企业带来数倍甚至更高的回报。

企业高层对全面精益改善活动长期保持热情和定力也是活动取得成功的关键。如果企业的高层只是抱着试试看的态度或者认为只要员工积极参与，自己参不参与没什么关系，这样的想法是不可取的。

企业高层的意志还需要以一定的方式（经常地、持续地）传递给企业的全体员工，做到这一点，全面改善活动的推进工作就可以得到有效的坚持，否则再好的愿望也得不到好的结果。

2. 改善活动导入培训和宣传

开展这项活动时对各个层次员工进行系统的改善活动培训很有必要。培训的目的主要有两个，一个是让员工理解全面改善活动的基本内容和推进程序（*方法的学习*），另一个是让员工充分理解开展这项活动的重要性（*观念的改变*）。

为了营造适合于活动开展的氛围，对精益改善进行一定的宣传（*标语、板报、报纸、横幅及口号征集等*）也是一个不可忽视的环节。

3. 改善活动组织的建立

改善活动的有效推进有赖于建立一个强有力的活动推进组织。精益改善活动组织包括全公司范围的推进委员会（*主要由高层和各部门负责人组成*）、三大活动机制推进组织及各部门内部的活动推进组织。常见的推进组织模型如表1-5所示。某企业推进组织及活动模型如表1-6所示。

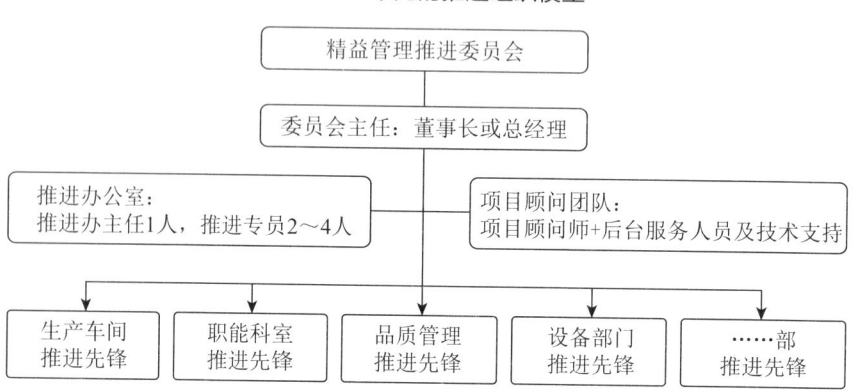

表1-5　常见的推进组织模型

```
                 ┌──────────────────┐
                 │  精益管理推进委员会  │
                 └────────┬─────────┘
                          │
              ┌──────────────────────┐
              │ 委员会主任：董事长或总经理 │
              └────────┬─────────────┘
                       │
    ┌──────────────────┼──────────────────────┐
    │                                          │
┌───────────────────┐              ┌──────────────────────────┐
│ 推进办公室：         │              │ 项目顾问团队：              │
│ 推进办主任1人，       │              │ 项目顾问师+后台服务人员及技术支持│
│ 推进专员2～4人       │              └──────────────────────────┘
└─────────┬─────────┘
          │
 ┌────┬────┼────┬────┐
 │    │    │    │    │
┌────┐┌────┐┌────┐┌────┐┌────┐
│生产车间││职能科室││品质管理││设备部门││……部 │
│推进先锋││推进先锋││推进先锋││推进先锋││推进先锋│
└────┘└────┘└────┘└────┘└────┘
```

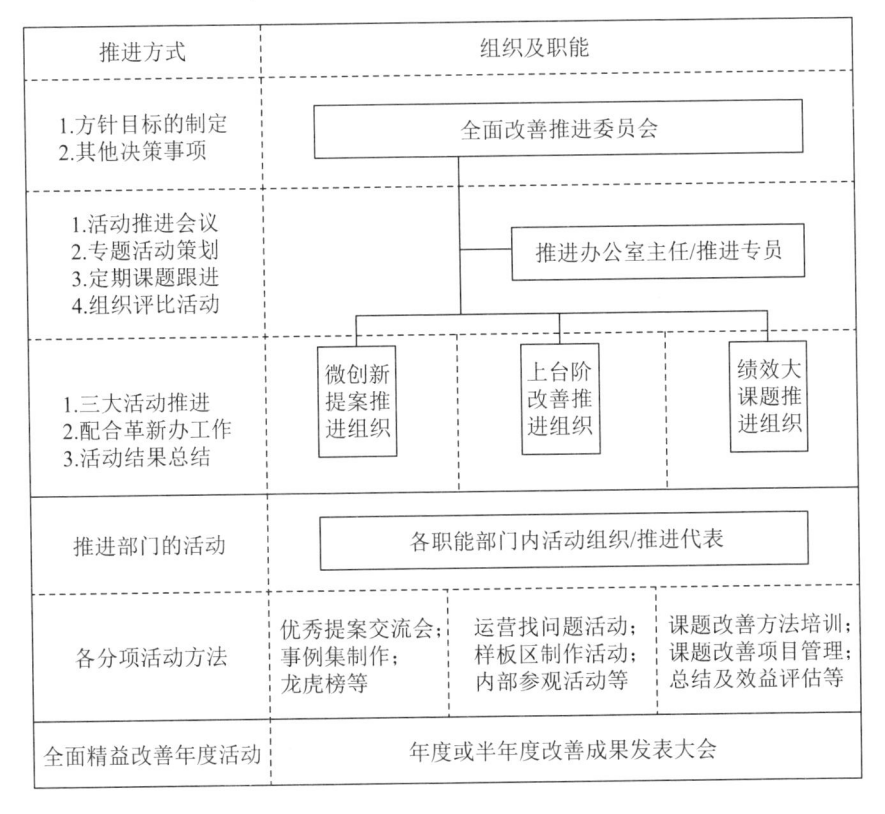

表1-6 某企业推进组织及活动模型

推进方式	组织及职能			
1.方针目标的制定 2.其他决策事项	全面改善推进委员会			
1.活动推进会议 2.专题活动策划 3.定期课题跟进 4.组织评比活动	推进办公室主任/推进专员			
1.三大活动推进 2.配合革新办工作 3.活动结果总结		微创新提案推进组织	上台阶改善推进组织	绩效大课题推进组织
推进部门的活动	各职能部门内活动组织/推进代表			
各分项活动方法	优秀提案交流会；事例集制作；龙虎榜等	运营找问题活动；样板区制作活动；内部参观活动等		课题改善方法培训；课题改善项目管理；总结及效益评估等
全面精益改善年度活动	年度或半年度改善成果发表大会			

推进组织的组成和基本职能如下。

①推进委员会由企业的高层组成，主要包括公司的最高负责人（董事长或总经理）和各部门负责人，董事长或总经理一般就是推进委员会主任。推进委员会主要负责活动方针、活动目标的制定、提供必要资源、年度改善大会的召集及对推进办公室提出的重要推进事项的审议和决策。

②推进办公室是为活动推进而设立的一个常设机构，也可以一步到位成一个负责精益改善活动推进的经营革新部。企业可以任命数名专人组成推进办公室，全面负责活动推进

工作，他们将为企业带来意想不到的巨大收益。推进办公室负责全公司改善活动的计划、策略制订、员工培训、各种活动任务的布置督导、活动的运营管理及各种与活动推进相关事项的协调和处理等。

③三大活动机制推进组织主要由推进办公室内的推进专员和各部门推进代表（*部门推进先锋*）组成，分别负责改善活动的推进和指导，配合推进办公室工作，及对三大活动成果的总结等。

④部门改善活动小组由部门长担任组长，由指定人员担任组员，主要负责活动的实施和部门内活动进度的跟进等。

4. 全面精益改善活动方针和目标设定

开展全面精益改善活动并不是我们的目标，而是达成企业经营方针的手段。因此，设定改善活动方针和目标时，要考虑与企业的经营方针和目标进行整合。反过来，在设定企业经营方针、计划时，要明确指出全面改善活动在企业经营活动中的地位和重要性。

目标设定要在对现状进行充分调查的基础上进行，不能盲目设定目标值，即好的目标应该是经过努力可以实现的，是具有挑战意义的。不好的目标却相反，要么目标太高不切实际，要么目标太低没有挑战意义。

一个不好的目标设定的示例如表 1-7 所示，特别是那些"保持在……之上"一类的目标设定也是不科学的，既不能体现持续改进的思想，又不能激起员工的改善欲望。全面精益改善基本方针和目标示例如图 1-4 所示。

表1-7 不好的目标设定示例

活动目标	评语	原因说明
1年内将生产效率提高3%	没有挑战性	过低的目标激活不了创造力,对手可能进步得更快
1年内管理费用降低3%	没有挑战性	
5年内进入世界500强	相关性不够	缺乏依据而且与改善相关性不够
良品率维持在95%以上	没有挑战性	改善应该追求提升而非维持

一、改善活动方针
全员参与,挑战行业内最高的生产效率,成为行业内最具竞争力的企业。
1. 文明进取的员工团队——人才培养;
2. 整洁高效的管理现场——工厂建设;
3. 温馨明快的工厂氛围——文化建设。
二、改善活动目标
改善活动目标是结合企业经营方针来制订的。

20××年度经营战略与经营计划
1. 持续提升产品竞争力。
   新品开发设计3款;
   降本设计产品2款
2. 打造低成本供应链体系。
   生产效率提升30%;
   采购成本降低3%;
   物流成本降低10%
3. 全面精益改善推进。
   ……

⇒

20××年度精益改善计划
1. 全员精益培训16小时。
2. 员工改善提案活动:月度人均1件,参与率70%以上。
3. 现场上台阶改善活动。
   50%班组通过0-1阶段诊断
4. 效益焦点课题活动。
   装配效率提高30%;
   中间在制品减少50%;
   产品不良率降低30%……

图1-4 全面精益改善基本方针和目标示例

5. 改善活动大计划的制作

我们认为开展全面精益改善活动必须以实际改善企业体制为目标,即以导入改善活动机制,促进全员参与和保障活动水平持续提升为目标,开展全面精益改善活动。

因此,制定一个可达成以上目标的活动导入计划就是这个步骤需要完成的工作。一个全面精益改善活动导入大计划的例子如表1-8所示。

表1-8 全面精益改善活动导入大计划

序号	活动项目	活动内容	活动目标	第一年 1	第一年 2	第一年 3	第一年 4	第二年 1	第二年 2	第二年 3	第二年 4	第三年 1	第三年 2	第三年 3	第三年 4
1	现场上合阶改善活动	①彻底的5S活动	85%完成	→											
		②初期清扫活动	85%完成		→	→									
		③两源对策活动	85%完成				→	→							
		④总点检活动	85%完成					→	→						
		⑤作业效率化活动	85%完成						→	→					
		⑥自主管理体制建立	85%完成								→	→			
		⑦持续推进（自定义主题）	85%完成										→	→	→
2	员工微创新提案活动	①提案奖励标准制定	月度参与率50%以上			→									
		②提案活动开展					→	→	→	→	→	→	→	→	→
		③优秀提案交流展示					→	→	→	→	→	→	→	→	→
3	绩效大课题管理活动	①管理指标体系建立	标准1件			→									
		②课题申请登录	2个/部门				→	→	→	→	→	→	→	→	→
		③绩效大课题管理活动开展	每月1次				→	→	→	→	→	→	→	→	→
		④重要管理指标跟进	月度报告				→	→	→	→	→	→	→	→	→
4	总结与发表会	①月度活动总结	每月1次				→	→	→	→	→	→	→	→	→
		②改善之旅与课题发表	半年一次				→		→		→		→		→
		③年度发表与表彰	一年一次				→				→				→

在导入全面精益改善活动的过程中，特别需要注意的是这样一个过程，即首先制作样板线、样板区或样板设备，再将样板线、样板区或样板设备的经验进行推广，获得以点带面的效果。制作样板线、样板区或样板设备的好处是很明显的，就是通过局部的快速改善，向企业上层和员工展示改善活动的效果和威力，让员工体会参与改善活动的成就感，并对改善活动满怀必胜的信心。

（二）全面精益改善活动的启动

在以上各项准备工作完成以后，就可以全面启动全员参与的精益改善活动。

导入准备阶段是以管理层为主体开展活动的，而活动的正式启动则需要对全员进行说明和动员。说明和动员可以通过召开员工大会的形式来进行，主要包括如下事项。

①企业领导讲话。

②由公司指定的活动推进负责人介绍精益改善活动组织、基本方针、目标及活动计划。

③样板区员工代表和各部门负责人发言或宣誓。

④发表样板示例及奖励优秀样板示例。

⑤发表和奖励口号征集结果。通过启动会，最大限度地宣传改善活动的意义，渲染公司上下推动改善的意境，创造一种"只许成功，不许失败"的不可逆转的氛围，为日后的活动推进打下良好的基础。

（三）全面精益改善活动的推进

1. 彻底的 5S 活动（现场上台阶改善活动 0 阶段）的推进

5S 活动起源于日本，是企业现场管理和改善活动的基础。它的内容是整理、整顿、清扫、清洁、素养，由于每一个词的日语发音的首字母都是 S，5S 由此得名。5S 活动的细节将在后面的章节中介绍。

开展这项活动可以帮助员工认识企业的管理现状及自身工作中的不足和差距，并通过明显的现场 5S 改善成效来强化员工对活动的信心和参与的积极性。

2. 现场上台阶改善活动开展

5S 活动达成基本目标后，要及时开始推进现场上台阶改善活动。现场上台阶改善要按照 5 个步骤开展导入活动，在逐步提升自主管理水平的同时，最终达到在工厂建立自主管理机制，并保障活动持续推进的目的。

3. 员工微创新提案活动开展

在 5S 活动取得初步成果之后应立即推出员工微创新提案活动。员工微创新提案活动可以通过各种办法鼓励全员持续、积极地参与，促进所有员工关注和解决自己身边的问题，并把解决问题的过程和成果总结成改善提案提交给部门领导。

为什么要在 5S 活动之后开展这项活动呢？道理很简单，因为 5S 活动可以培养员工的问题意识及识别现场管理问题的眼光和能力，为员工微创新提案活动的推动打下了很好的基础。

4. 绩效大课题管理活动的推进

随着员工微创新提案活动和现场上台阶活动的进一步开展，员工的改善意识和改善能力将进一步提高，条件成熟的时候，就要不失时机地推出绩效大课题管理活动。

绩效大课题管理活动要想取得期待的成果，建立一套课题登录、活动推进、进度管理及总结提高的管理体系非常重要。

（四）改善活动成果总结和提高

1. 改善活动成果的总结

改善活动成果的总结和展现形式是多方面的，因此在总结活动成果的时候，总结的模式也应该是多样化的。以下是一些常用的做法。

①各类改善事例、案例集制作。

②改善活动专栏制作。

③优秀改善事例交流。

④课题改善效果总结及报告会。

⑤改善金额统计和公布。

2. 建立自主管理体制，持续运营三大活动机制

总结的目的是提高活动成果。我们不能期待所有部门及所有场所都能同步改善和提高活动成果。由于不同部门负责人和员工认识水平的不同及各部门的客观条件所限，改善水平肯定是参差不齐的。企业的管理者要很现实地认识到这个问题，并且要学会运用这种差异激起后进部门追赶或赶超先进部门的热情。

在这个过程中，一方面我们要不断地总结优秀的事例，推广先进的经验，促进更多的部门提升水平。另一方面要设定更高的挑战目标，促进先进部门的持续提升，更上一层楼。

精益改善是无止境的，要追求优良的企业管理体质，保持改善活动的持续推进和活动水平的不断提高是关键。而建立一个自主管理和自主改善的机制，持续提升企业竞争软实力才是推进这项改善活动的最终目的。

四、全面精益改善成功的诀窍

成功推进全面改善活动的三要素，包括高层的坚定意志、中层的积极推动、基层的全面参与，如图 1-5 所示。

```
┌─────────────────────────────────────────────────┐
│         高层的坚定意志，光有意识是不够的          │
│                      ↓                          │
│         中层的积极推动，光有知识是不够的          │
│                      ↓                          │
│         基层的全面参与，光有参加是不够的          │
│                      ↓                          │
│  所谓参与，就是指员工不能成为改善活动的旁观者，而要积极付出智慧和行动 │
└─────────────────────────────────────────────────┘
```

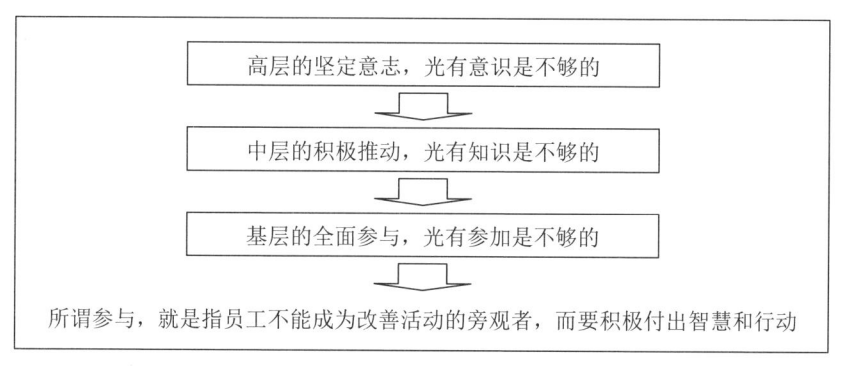

图 1-5　成功推进全面改善活动的三要素

所谓参与，就是指员工不能成为改善活动的旁观者，而要积极付出智慧和行动。

（一）推进过程中的三个重点工作

精益改善活动的推进工作包括以下三个方面的内容。

1. 描绘精益改善愿景目标

企业可以为员工描绘一个令人心动的精益改善愿景，这个愿景不仅要说明精益改善将给企业带来效益提升等方面的内容，还要明确表述精益改善将给员工个人带来什么，比如工作环境的改善、个人意识和能力的提升等。

比如，精益改善的愿景目标是，通过持续精益改善，让企业逐步获得深度影响和教育客户的能力，具体包括现场管理水平高，工厂处处有风景；组织有活力，员工人人是卖点；文化有内涵，好人好事好成果。

2. 设法促进员工积极参与

调动员工参与精益改善活动的积极性，激活改善氛围是推进过程中最关键的工作。如果做不到这一点，改善活动的效果将大打折扣，就失去了全员参与的意义。

3. 帮助员工提升改善能力

参与改善活动本身就应该是一个很好的学习和提升过程，推进过程中对员工进行必要的培训和手把手的辅导，对活动的持续开展和活动水平的提高都具有重要的意义。

在具体推进改善活动的时候，要注意以下几个要点。

①不要简单地给出答案，而要给予员工思考（集思广益）和自主实施的机会（培养员工的自主性）。

②对活动过程和细小的成果予以肯定和认同（树立员工的自信心）。

③少强制，多沟通，多启发，要经常性地做好激励和引导工作（及时化解员工的不解和抵触情绪）。

④及时关注和指导员工的改善进程，对员工的改善活动不放任，并及时帮助解决问题，实现目标。

⑤不要过于追求有形效果，而要重点关注团队文化和员工成长，帮助员工提升信心、兴趣、素养、意识和能力。

(二)推进工作的人才准备

要想成功推进改善活动,需要选拔和培养一批有强烈改善愿望和懂得改善技术的人才。

一般来说,活动推进人员首先应该是积极向上的人,具体的选拔条件如表1-9所示。多少分才是合适的人选呢?当然是越高越好了,60分也许是可供参考的数值。

表1-9 推进人员推荐评价表

项目	条件	评价
态度和业绩	①积极向上的生活和工作态度	5 4 3 2 1
	②有不放弃和坚持的毅力	5 4 3 2 1
	③有良好的工作业绩	5 4 3 2 1
	④能诚恳待人,认真对事	5 4 3 2 1
	⑤具有不求全责备的态度	5 4 3 2 1
	⑥能率先垂范,从自己做起	5 4 3 2 1
领导才能	①具备良好的沟通、说服能力	5 4 3 2 1
	②良好的交涉、折中能力	5 4 3 2 1
	③有个人魅力或影响力	5 4 3 2 1
	④有很好的合作共事能力	5 4 3 2 1
	⑤有辅导和培养人的能力	5 4 3 2 1
	⑥有决策能力	5 4 3 2 1
专业水平	①具备良好的专业素养	5 4 3 2 1
	②有很强的总结能力	5 4 3 2 1
	③有很强的学习能力	5 4 3 2 1
总分		

事实上，在具体决定推进人员的时候可能会碰到人力资源不足的情况，这时不要拘泥于评价表，而要根据平时的观察和考核结果来进行选拔。例如某员工平时工作积极认真，行动力强，在员工中深受信赖，有号召力等，就足以成为很好的活动推进人选。

要让企业人员懂得精益改善活动和改善工具（技术），需要企业给他们各种各样的学习和实践机会。可以采取"请进来"的办法，即从外部请来工厂管理和改善专家集中授课或辅导，也可以把员工派出去学习一些实用管理和改善课程。

（三）成功推进精益改善的三大技巧

良好的方法能够起到事半功倍的效果。在开展 5S 或精益改善活动时，很多企业由于方法不得当而导致中途"夭折"。因此，在确保精益改善活动推进成功的过程中，要注意方法与技巧的运用，归纳起来有三大诀窍。

1. 快速创造现场变化

第一个诀窍是要快速创造现场局部的变化。企业在推广新的管理活动时，要想让员工积极参与，最重要的就是要创造局部的变化，消除员工的认识障碍，走出活动误区。通过在现场创造局部快速的变化，让员工和高层领导看到这些变化，从而增强他们对改善活动的信心，提高参与的积极性。

2. 促进员工全员参与

对于精益改善活动的推广而言，几个人或者局部人员的参与是不可能完成的。因此，在消除了大家的认识障碍之后，企业要用各种各样的形式，特别是设计和采用一些趣味化的活动形式，吸引员工轻松愉快地参与进来，这样才能有利于改善活动的整体推广。

3. 不断提出更高目标

成功推进全面精益改善活动的第三个诀窍是不断提出更高的目标。如果企业在开始时设定的目标过高，可能使员工们产生遥不可及的感觉，从而缺乏改善的信心和动力。企业应当选择适当的时机，提出不同的阶段性目标，逐步提高目标层次，引导员工一步一个脚印向前迈进。

案 例

有一家专门生产油墨的公司，由于其产品的特殊性，生产现场比较脏乱。在推行改善活动的过程中，这家公司的总经理结合自身企业的特性，提出了两个阶段的目标。

第一阶段，他要求公司所有员工在三个月内将身上的围裙去掉。在这一目标指引下，全公司开展了彻底的5S活动，如解决油墨的飞溅问题，处理掉工作台上的污迹等。三个月后，员工们确实实现了总经理设定的目标，只穿工装进行作业。

这时候，总经理又提出了第二阶段的目标，要求用半年的时间进行彻底治理，将黑色的工装改成淡颜色的工装。半年后，目标又实现了。通过这种形象的目标提示，让员工不断有新的追求，企业的管理水平也得到了很大提升。

（四）成功推进全面精益改善活动的三个动力

与其他变革活动一样，成功推进精益改善活动需要三股力量的全面配合：一是高层的坚定意志，光有意识是不够的；二是中层的积极推动，光有知识是不够的；三是基层的积极参与，光有参加是不够的。

1. 高层的坚定意志

企业高层的意识是推行管理的诱导性因素，却不是成功推行改善活动的最重要条件。也就是说，仅有意识是不够的，企业高层要在意识的基础上形成坚定的意志，即一定要把这件事做好，并且一定要长期坚持下去。

2. 中层的积极推动

在任何的变革活动中，中层管理者自始至终扮演着主要推动人的角色。因此，中层管理者仅有知识是不够的，还需要有强大的推动力和执行力，能够将改善活动的管理理念推广下去，确保各项改善活动的落实，否则，一切都是没有意义的。

3. 基层的积极参与

基层员工是改善工作的落实者，基层的参与是实现各项变革活动的最终落脚点。基层员工仅参加是不够的，还需要全身心地积极参与其中。"参与"和"参加"是不同层次的两个概念，参与需要用心、动脑和动手，员工在参与改善活动中要充分发挥自己的智慧和能动性，为企业的管理提升服务。

CHAPTER 2

现场上台阶
改善机制

小故事：打破传统分工的局限

有一家跨国公司遇到一个大多企业遇到过的问题，那就是制造部和总务部（负责设备维护）之间相互抱怨，配合不好。总务部抱怨制造部的人不动脑筋，鸡毛蒜皮的事情都写一纸维修单要总务部做这做那；制造部抱怨总务部没有服务精神，每年花钱搞墙面维护，还搞得墙面到处破破烂烂。一听问题，就知道是传统分工惹的祸。

在辅导过程中，我们建议工厂厂长（管辖四个制造部）尝试通过自主管理活动，来改变目前这种部门间相互抱怨和不信任的状态。现场上台阶改善活动的目标之一就是尽量减少对外部的依赖。活动的第一步是从每个制造部抽调一名平时表现比较积极，并且有技能和潜质的男员工。很快四名员工就到位了，组成自主保全小组，由厂长亲自宣布自主保全小组的目的和任务，并选出一名组长负责带领这个团队。该小组的第一个任务是做三方面的准备，第一是自身技能的准备（公司花钱派他们去外面学习），第二是各类保全工具的准备（公司花钱采购），第三是服务内容和服务流程的准备。

调研的结果表明，制造部门之前向总务部设施科填写的申请单的绝大多数事项，都可以由制造部门自己完成。在所有工作中，最大的一项就是工厂内墙及地面的粉刷和修复工程，除此之外就是一些零散和应急的事情，如换个插线板、钻个孔、换根线之类的。制造部一边按计划对墙面和地面进行粉刷维护，一边快速地解决现场提出的各种需求，最后制造部的抱怨消失了。

没过多久，很少深入现场的总务部设施科人员心生疑惑：最近制造部门的维修申请单好像少了许多。到现场一看傻眼了，已经有几面墙被刷得雪白，并且比之前刷得更白，原因是刷墙时的用料足。总务部设施科人员的第一反应就是，自己的事情被越俎代庖了。投诉邮件很快就发到厂长那里，投诉的内容是：制造部凭什么越权做了本该总务部做的事情？总务部要求厂长马上明确部门职责，制止越权行为。

这样的反应完全在预料中，厂长马上约总务部有关人员开会，说明这样做的好处主要有两个，一是降低维护成本（**每年可以节省40多万元的费用**），二是培养制造部的自主管理能力，使制造部少给设施科添麻烦。由于这位厂长在公司的地位较高（**策略建议：如果这位厂长的地位不足以说服总务部长的时候，那么就要考虑事先与总经理协调，由总经理与会做说服工作**），总务部与会人员就这样被说服了。

既然"生米已经煮成熟饭"，总务部设施科内部开始了"思想上的挣扎"。他们在现实面前只有两个选择，一个是放弃追求，整个总务部设施科等着被调整出局（从组织架构中抹去）；另一个是积极进取，重新定义部门价值。后者成了他们必然的选择，他们通过头脑风暴，提出了两个设想：第一，送服务上门，每四个小时做一次巡回检查，及时解决制造部一些专业性强的设备点检和维护工作；第二，帮助制造部生产工装夹具，把需要委托外部公司制作工装夹具的工作抢回来。

后来厂长动用公司资源，从其他分公司引进了一些二手设备，帮助设施科实现了第二个设想。从此，制造部和设施科之间的关系得到了改善，他们的管理水平和服务能力也得到了提高……

一、让问题消灭在萌芽状态

现场上台阶改善活动就是要从对微缺陷放任的惰性中走出来如图 2-1 所示,对微缺陷的放任会导致问题升级、损失增大,所以,自主管理要未雨绸缪,防患于未然。

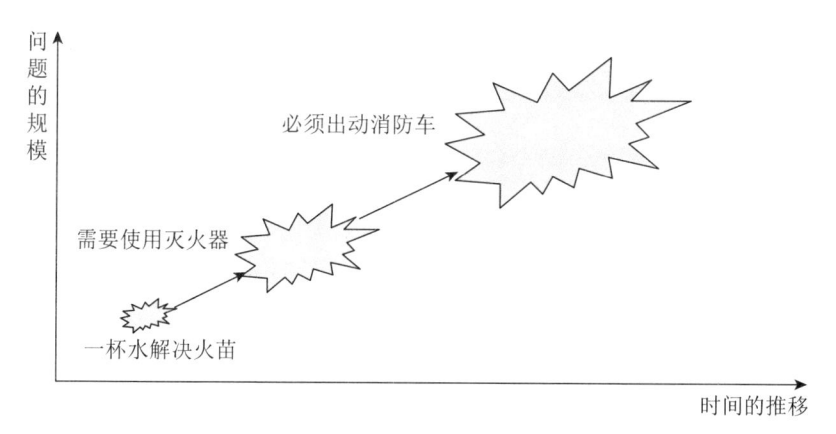

图 2-1 现场上台阶改善活动

在工厂管理中,一个不可回避的事实是:设备、厂房和环境等随着时间的推移在不断地老化和劣化,比我们想象得快得多,这个进程却经常因管理水平的不同而存在巨大的差异。一些管理好的企业,维护保养做得好,老化和劣化得比较慢,反之亦然。如同人的身体一样,某人 60 岁了看上去还像 40 岁,那就是保养。

现场上台阶改善活动的核心内容是工厂保全（PM），它起源于二十世纪五六十年代装置型制造业飞速发展的美国，之后被各先进工业化国家学习和运用。

（一）自主保全与现场上台阶改善活动

1. 根据保全活动特点分类

根据保全活动的特点，它可以分成以下几类。

①破坏性保全（Broken Maintenance）。

②生产性保全（Productive Maintenance）。

③预防性保全（Protective Maintenance）。

2. 根据实施责任分类

根据保全工作的实施责任不同，可以分成自主保全和专业保全两大类。自主保全就是由设备的使用者对设备实施的保全活动，专业保全是指由专业人员对设备进行的保全活动，它们是对应存在的两个方面。狭义的理解是，我们认为由设备和场所的使用者实施的保全活动为自主保全，由设备管理部门实施的部分叫专业保全。

3. 现场上台阶改善活动就是广义的自主保全

从广义上理解，我们认为由公司内部员工完成的所有保全活动都是自主保全，而委托外部专业机构完成的保全活动就是专业保全。为了区别于一般意义上的自主保全，我把它称为现场上台阶改善活动。

全面改善活动的特点之一就是强调企业内的自主保全活动，即操作者本人及企业员工对设备和工厂担负起实施自主维护和自主改善的责任，尽可能地减少对外部专业保全公司的依赖。

（二）现场上台阶改善活动让自主管理成为可能

1. 何谓现场上台阶改善

所谓现场上台阶改善，就是我的地盘我做主，自己的工厂（企业）自己维护，即由企业员工自主地对工厂（企业）实施全面的维护和改善。员工通过持续不断地维护和改善，逐步消除现场微缺陷，减缓工厂老化和劣化进程，防止问题发生，使工厂生产要素（人、机、料、法、环等）持续优化，保持良好状态的过程。

2. 上台阶改善三要素

上台阶改善活动自主开展应当具备三个要素。

（1）自主改善意识。

员工要有自主改善的意识，即员工意识到工厂的管理要靠自己来实现，愿意参与现场上台阶改善活动。

（2）自主改善能力。

员工要具备相应的自主改善能力和技能，没有技能或者不懂方法都无法顺利地展开现场上台阶改善活动。

（3）持续改善活动。

现场上台阶改善活动要求员工以小组为单位，组织起来，将好的改善想法付诸实际行动，以不停歇的小组改善活动来实现自主管理。因此，这项活动不仅是一种改善方法，一种活动机制，还是追求卓越的具体表现。

人们自古崇尚"无为而治"，优秀的企业都在追求自主管理，并设法让员工更加自主地进行管理的维护与改善。

现场上台阶改善 = 自主改善意识 × 自主改善能力 × 持续改善活动

当然，世界上完全的自动自发是不存在的，就像世界上没有永动机一样，企业要想让精益改善活动得以持续开展下去，组织推动、机制约束和氛围营造是必不可少的。

现场上台阶改善活动强调了企业员工参与对设备及工厂（企业）维护工作的重要性和必要性：一方面，操作者与所使用的设备朝夕相伴，在对设备性能及运行状况的了解、故障的早期发现、维护工作的及时进行等方面可以发挥其他人员不可替代的作用；另一方面，开展现场上台阶改善活动有利于提高操作者对设备使用的责任感，因此，开展这项活动对提高设备管理水平的重要意义是不言而喻的，但它并不排斥外部专业人员进行的设备维护工作（即外委专业保全）。某些专业设备还是需要专业人员实施维护，例如电梯的定期维护、汽车的定期保养等。

目前，企业通常的做法是操作者只管使用设备，设备的维护工作全部由设备技术人员来完成。而上台阶改善活动首先是要将操作者的积极性调动起来，使他们成为熟悉设备的操作者，不但能正确熟练地操作设备，还能对设备进行清扫、紧固、润滑、调整和日常检查确认，并具有及时发现设备故障和处理简单故障的能力。开展上台阶改善活动的目的就是通过操作者的广泛参与，追求设备的零故障，达到设备的极限效率。

（三）正确认识和规划自主保全

经常会听到一些管理者抱怨："我们每天的生产任务都完成不了，哪里有时间来开展自主保全活动？""一线的生产员工也是一个萝卜一个坑,哪里有多余的人手?"其实管理者抱怨的是事实,那么在这种情况下怎么进行自主保全呢?自主保全并不是简单地等同于让设备的操作者承担所有保全工作。自主保全是一个长期追求的过程,并且方法也不是唯一的。

某世界 500 强生产企业实施自主保全(见图 2-2),其目的是通过导入保全活动,提高公司内部自主保全和专业保全能力,不断减少对外部专业保全公司的依赖。

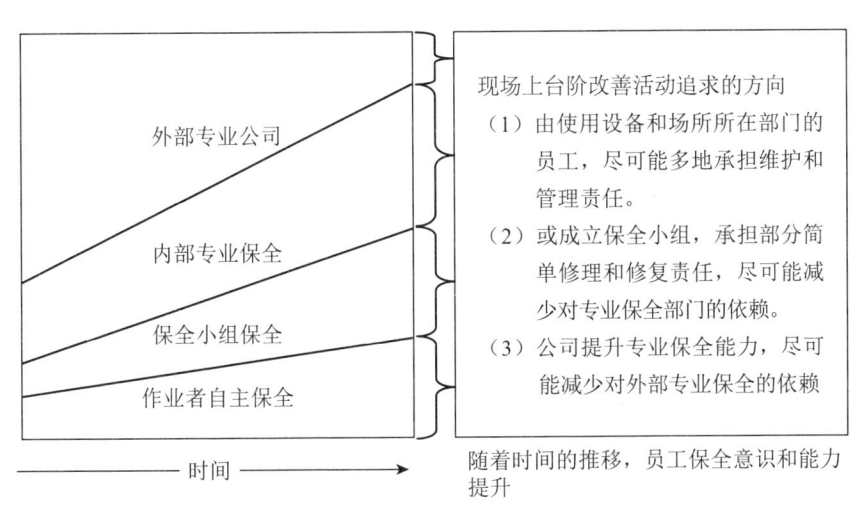

现场上台阶改善活动追求的方向
(1) 由使用设备和场所所在部门的员工,尽可能多地承担维护和管理责任。
(2) 或成立保全小组,承担部分简单修理和修复责任,尽可能减少对专业保全部门的依赖。
(3) 公司提升专业保全能力,尽可能减少对外部专业保全的依赖。

随着时间的推移,员工保全意识和能力提升

图 2-2 某世界 500 强生产企业实施自主保全

在这家企业里,为了减少对外部专业机构的依赖,降低成本,规划和实施了作业者自主保全、保全小组保全、内部专业保全等内容。

首先,引导现场员工尽可能多地承担作业现场和设备的维护及管理工作,逐步提高作业者自主保全的份额。

其次,各部门还可以通过建立保全或改善小组等形式,尽可能多地做好自主保全,减少对专业保全部门的依赖。

最后，通过内部全面系统的培训，提高企业专业保全部门的保全技能，积极为各部门提供具有专业水平的保全服务，使公司尽可能减少对外部专业保全公司的依赖，降低外委维护费用。

总之，现场上台阶改善活动追求的目标是打破传统分工的局限，最大限度地减少个人、部门及企业对外部的依赖，并通过员工的自主维护和改善活动提高效率，降低成本。

（四）微缺陷成长和倍增法则

1. 什么是微缺陷

所谓微缺陷，是指在程度上似是而非、似有非有，对结果影响极小的细小缺陷。

例如：设备外壳变形、密封不严、小的跑冒滴漏等现象。由于微缺陷的这种特点，管理者往往会忽略微缺陷的危害，认为生产现场脏一点、乱一点、操作稍微有些违规也没有关系，只要能够完成生产任务，不出大事故就行了。这种错误认识的危害是十分严重的。

实际上，微缺陷积累起来就是大问题。

2. 微缺陷成长法则

飞机涡轮发动机的发明者，德国人帕布斯·海恩在航空界提出一个关于飞行安全的法则。海恩法则指出：每一起严重事故的背后，必然有 29 次轻微事故和 300 起未遂先兆或 1000 起事故隐患。这种联系不仅仅表现在飞行安全领域，在其他领域也同样发生着潜在的作用。

微缺陷可以成长为事故隐患，甚至成长为巨大的灾害。微缺陷成长法则如图 2-3 所示，它们之间存在着一定的比例关系。企业管理者如果忽视了微缺陷，任由微缺陷累积和成长，那么微缺陷最终将完成量变到质变的转化，形成大的缺陷。这种大缺陷的表现形式可能是灾难性的，如死亡事故、火灾等。

因此，要消除大灾害，唯一的出路就是减少和消除微缺陷，杜绝管理系统、管理者和员工对微缺陷的麻木不仁。

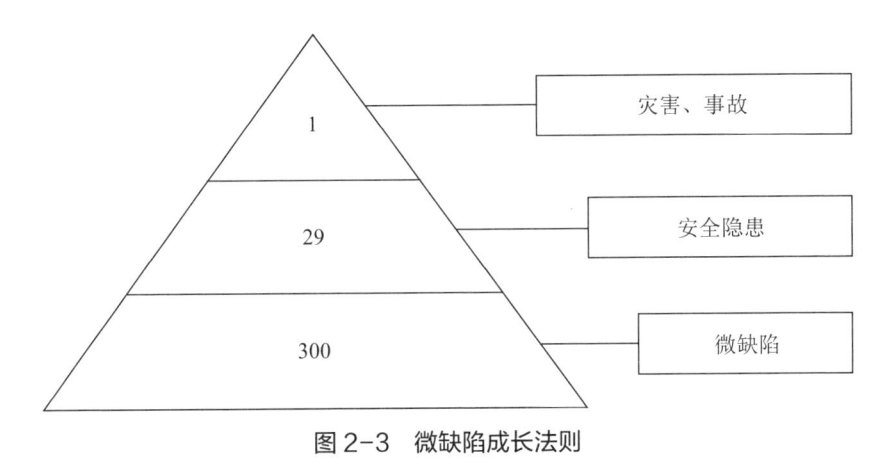

图 2-3　微缺陷成长法则

3. 如何实现零故障、零事故、零缺陷

从冰山理论可以看出，故障只是冰山的一角，仅仅是问题的一小部分。消除故障的冰山理论如图 2-4 所示。在可见的故障下面，还隐藏着众多潜在（事故、安全）的隐患或微缺陷，如污垢、废料、磨损、松弛、腐蚀、异常音、温度或浓度异常等。大量微缺陷的存在必然会导致故障或事故的发生。因此，消除故障或事故的唯一办法是不断消除隐藏于水面之下的微缺陷和小问题。当所有的微缺陷和潜在的缺陷都消除完毕时，故障也就无处藏身了。如果管理者在平时对微缺陷视而不见或漠不关心，那么问题发生后试图采取高压政策消除故障的做法一定是徒劳的。

无论管理者对故障、事故或灾害本身多么深恶痛绝，只要微缺陷大量存在，故障、事故或灾害就一定无法避免。只有及时消除微缺陷，使之不断趋于零的时候，故障、灾害才可以减少乃至消除。因此，了解微缺陷的消除机理是灾害、事故"零"化的前提。

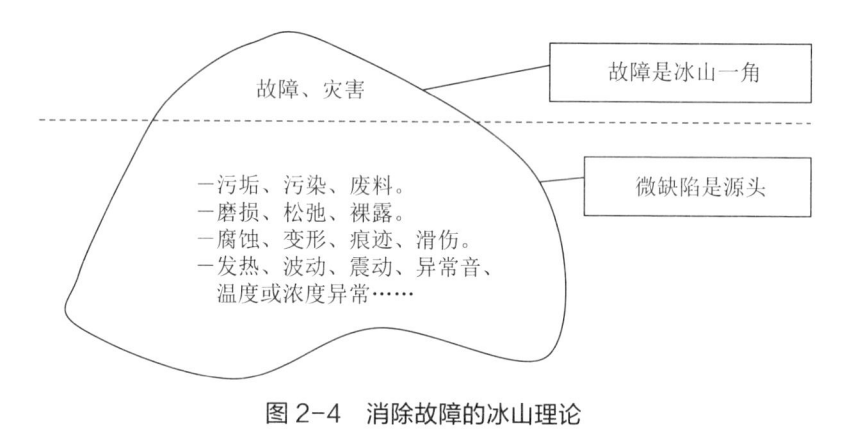

```
         故障、灾害              ── 故障是冰山一角
─────────────────────────
     - 污垢、污染、废料。
     - 磨损、松弛、裸露。         ── 微缺陷是源头
     - 腐蚀、变形、痕迹、滑伤。
     - 发热、波动、震动、异常音、
       温度或浓度异常……
```

图 2-4　消除故障的冰山理论

（五）现场上台阶改善活动全面提升企业现场力

现场上台阶改善活动的意义在于全面提升工厂现场力水平。所谓工厂现场力，就是生产制造现场维持和改善的能力，具体表现在以下几个方面。

1. 管理逐步走向"防患于未然"

一线员工是现场管理的主体，他们的身边存在着大量的微缺陷。现场上台阶改善活动能够使他们从身边的小事做起，消除微缺陷和事故隐患，防患于未然。

2. 提升员工的"意识和能力"

一方面，班组长和作业者的改善意识是改善活动得以长期维持的基石，而改善意识的培养又与改善活动密切相关。自主管理活动通过日常的细节管理，让员工在亲自参与的过程中不断强化改善意识，熟练掌握生产设备的操作技能，进而提升整个企业的生产维护能力。

另一方面，员工的单一技能会造成员工的危机感，使之无法适应二次谋职的需要。通过开展现场上台阶改善活动，可以使员工培养良好的工作意识，主动学习全方位的技能。这样，不但有助于提高企业的管理水平，而且有利于员工的个人发展。因此，企业应当满足员工的这种需求，在活动过程中让员工获得全面的提升。

在一般情况下，管理者往往低估了操作者的能力和潜力，认为他们仅仅是简单的劳工。其实他们是工作的创造者，只要给他们机会，他们的智慧会令人吃惊。

3. 改善"部门协作关系"

在传统的分工条件下，维修部门负责设备维护，生产部门负责生产。一旦设备出现故障导致生产任务无法按时完成时，生产部门往往会指责维修部门，认为是维修部门对设备的维护不及时导致设备故障率高，而维修部门则认为设备出现故障是因为生产部门对设备使用不当。

在开展现场上台阶改善活动之前，由于各部门之间职责划分不明确，设备管理和使用权限分离，生产出现问题，部门间互相扯皮、推诿，管理者无法找到责任人，进而导致不同部门之间的关系恶化。

现场上台阶改善活动坚持"谁使用，谁负责"的原则，打破了传统分工的局限，明确了设备使用者的维护责任，即设备的维护工作由设备使用部门来管理和主导，这样就有效地消除了"踢皮球"现象。随着活动的持续推行，从前那种互相埋怨消失了，部门间的关系也得到了相应的改善。

4. 打造"卓越改善班组"

班组是工厂管理中最基本，也是最活跃的"细胞"。班组强则现场强，现场强则企业强。首先，上台阶活动能够教会班组长怎样去做管理，怎样利用班组资源为企业创造价值。其次，上台阶活动还可以提升班组成员的问题分析能力和动手改善技能。长期开展现场上台阶活动，还能够培育积极进取、自主学习和全员改善的班组文化，实现由"作业班组"向"改善班组"的转变。

5. 建设"卓越管理现场"

通常人们在称赞某工厂厂区绿化时常说："建成了花园式的工厂。"这里所说的花园式，一般指的是厂区内、生产现场以外的区域绿化好，或者说美化好的意思。但是，生产现场的状况如何呢？谁也不敢保证，没准是一个脏、乱、差的管理现场。

我们所说的建设整洁有序的工厂，不是简单的工厂非生产区域的美化，而是通过上台阶活动和目视管理活动等的自主制作和改善，使得生产现场像花园一般温馨明快，赏心悦目。图2-5就是一组整洁有序、赏心悦目的工厂管理现场照片。

a. 干净整洁的生产车间　　　b. 没有锯末的家具工厂

图2-5　整洁有序、赏心悦目的工厂管理现场

这样的现场环境，既是客户乐见的，也是员工喜爱的。在这样的环境里工作，员工的自豪感一定会油然而生，高效的工作、良好的企业形象及员工对企业的热爱也是毋庸置疑的。

6.现场上台阶改善活动的其他重要意义

①激发员工的主人翁意识和不断改善工作的责任感。

②减少外委维护费用，节约成本。

③有利于形成一种心情舒畅、积极向上和对企业有归属感的企业文化。

④有利于缩短管理和生产周期，减少库存量。

⑤减少和消除设备故障，提高生产效率。

⑥延长设备等的使用寿命，降低生产成本。

⑦由于实施了可视化管理，现场整洁有序，提高工作效率，降低作业的差错率。

总之，开展现场上台阶改善活动，是打造生生不息现场力的重要方面，能够直接或间接地改善企业整体的经营管理水平。

（六）现场上台阶改善活动导入的步骤

1.现场上台阶改善活动导入步骤

现场上台阶改善活动通常有五步法和七步法两种导入方法。五步法和七步法比较如表2-1所示，可以看出它们之间并没有本质区别，只是定义的标准有所不同而已。

表2-1 五步法和七步法比较

五步法	七步法
0阶段：5S管理活动	0阶段：5S管理活动
1阶段：初期清扫与微缺陷治理	1阶段：初期清扫与微缺陷治理
2阶段："两源"改善对策	2阶段："两源"改善对策
3阶段：点检与作业标准拟定	3阶段：自主保全点检标准拟定
	4阶段：分科目培训
4阶段：点检与作业效率化	5阶段：点检标准整合与完善
	6阶段：点检标准化与效率化改善
5阶段：自主管理体制的建立	7阶段：自主管理体制的建立

理光公司在日本的某工厂自30多年前开始推进现场上台阶改善活动，至今已经上了30多个台阶。在完成了五步或七步法的导入步骤之后，他们根据公司经营目标要求和企业内外经营环境变化，每年或每半年定义一个特定的改善活动主题和目标，然后要求和动员公司现场部门员工开展自主改善活动。

为了让读者对现场上台阶改善活动有一个较清晰的认识，本书只对五步法进行说明。

2.上台阶活动如何走向高水平

上台阶活动的导入阶段包含五个部分的内容，这些内容就是开展上台阶活动的五个步骤。上台阶活动五步骤的要点如表2-2所示。

表 2-2　上台阶活动五步骤的要点

自主管理活动五步骤	活动要点
0 阶段： 5S 管理活动	①整理、整顿、清扫、清洁、素养； ②验收合格后进入自主管理活动
1 阶段： 初期清扫与微缺陷治理	①全覆盖识别各类微缺陷； ②微缺陷治理、修复与复原； ③向前看问题点的识别与对策； ④阶段诊断活动实施
2 阶段： "两源"改善对策	①识别所有困难源、污染源； ②两源对策实施； ③向前看问题点的识别； ④阶段诊断活动实施
3 阶段： 点检与作业标准拟定	①识别所有的点检与作业项目点； ②拟定相应的点检与作业标准； ③向前看问题点的识别与对策； ④阶段诊断活动实施
4 阶段： 点检与作业效率化	①识别需可视化、效率化项目点； ②进行可视化、效率化改善； ③向前看问题点的识别与对策； ④阶段诊断活动实施
5 阶段： 自主管理体制建立	①识别自主管理活动需标准化项目； ②制定自主管理活动标准； ③向前看问题点的识别与对策； ④阶段诊断活动实施

现场上台阶改善活动是按以上五个步骤循序渐进地导入的，本章将分别介绍这五个步骤的内容及具体推进的办法。

二、现场上台阶改善活动概要

现场上台阶改善活动的导入阶段主要包含五个部分内容，这五个部分是导入上台阶活动的五个步骤。在进入现场上台阶改善活动的初期清扫活动之前，必须开展以 5S 管理为中心的条件整备活动，即通过整理、整顿、清扫、清洁、素养等管理活动，改变现场面貌，革新员工意识。可见，现场面貌的变化及员工意识的革新是进入初期清扫的第一步，因此，有时候我们又将 5S 活动看成是"现场上台阶改善活动"的"0 阶段"。

5S 活动的主要内容如下。

（1）整理。

将工作场所中的物品区分为必要的与不必要的，将不必要的物品撤掉或废弃掉，从而腾出空间，保持工作场所的宽敞整洁。

（2）整顿。

合理安排物品的放置方法、位置，设置必要的标识，以便在必要的时候能快捷地找到并取出必要的物品，提高工作效率。

（3）清扫。

即清除灰尘、脏污，保持环境和设备的干净、清洁。

（4）清洁。

将前面三个"S"的工作规范化、制度化，目的是使整理、整顿、清扫的工作能长期有效地开展。

（5）素养。

要求员工遵守规章制度，掌握正确的作业方法，养成良好的工作和生活习惯。

需要注意的是，要在短期内从根本上提升员工的素养是不可能的，所以 TPM 自主管理"0 阶段"的 5S 活动，关注的焦点在于前面的四个"S"。千万不要误以为，员工素养不高，就不可以开展 TPM 活动。

（一）初期清扫与微缺陷治理

无法想象连生产现场的环境和设备都不能保持整洁的企业会有多高的设备管理水平。因此，初期清扫工作是开展现场上台阶改善活动的第一步。这里所讲的初期清扫，是指在 5S 基础上进行的微缺陷发掘与复原改善，并非从字面上理解的"清扫"或者"扫除"的意思。初期清扫活动本身也是设备维护保养的重要内容，它对培养员工自己的设备自己维护的意识非常重要。

初期清扫阶段的基本改善步骤如下。

①微缺陷的识别和记录。

②回头看（5S）问题点的识别和记录。

③解决问题的计划和目标制订。

④对策的检讨和任务的分配。

⑤对策的实施与改善成果的记录、总结。

⑥阶段活动诊断实施。

1. 识别各类微缺陷，开展初期清扫活动

树立"清扫即点检，点检即保养"的正确观念和主动意识，让清扫工作变得更有价值，更有意义。

初期清扫活动从 8 个方面出发，即现场上台阶改善活动查找问题的八大着眼点（见表 2-3），识别生产现场存在的一切不合理问题点，并将发现的不合理问题记录在指定的"不合理问题点记录表"表格中，如表 2-4 所示。

表 2-3 现场上台阶改善活动查找问题的八大着眼点

No.	区分	定义	重点内容
1	整理	区分必要与不必要，不必要的处理掉	确定基准，物品分类
2	整顿	防止必要品过剩或不足，方便存取	定点、定位、定量、标识、方法
3	清扫	清扫、点检、润滑、更换等基本事项	清扫、点检、润滑、更换
4	微缺陷	目前影响不大，日后会扩大的小缺点	脏污、疵点、振荡、松动、异常
5	发生源	故障、不良品、灾害、污染发生的部位	产品、原料、油类、气体、液体
6	困难源	妨碍人行动的部位	清扫、检查、加油、锁紧、操作、调整
7	隐患点	对人产生危害或有潜在危害的部位	防护、照明、旋转物、升降物、移载机
8	其他	……	……

表2-4 不合理问题点记录表

小组名：　　　　　　　　　　　　　　　　　日期：

编号	工序	设备名	不合理项	缺陷区分	发现日期	发现人	改善对策	实施人	解决时间 计划	解决时间 完成	验收人	备注
01	研磨	A001	材料漏料	F	0306	张三	漏料口封堵	李四	0312	0312	赵五	

缺陷分区：A 整理、B 整顿、C 微小缺陷、D 清扫 / 注油 / 紧固、E 困难部位、F 发生源、G 不安全部位、H 其他

2. 对发现的问题点进行修理、复原或改善

针对发现的各种各样不合理问题点，要有计划、有组织地安排员工参与到复原改善活动中来，不仅要求他们对不合理问题点进行复原改善，更重要的是让员工去思考，如何防止这些不合理问题再发生，并提出预防改善的措施或改善思路。

对于自己有能力实施的改善点，尽量自主去实施改善活动。对于那些实在有困难的改善点，就要由管理者出面委托兄弟单位或主管单位来进行修理、复原或改善。

此外，我们也要对机械设备的表面、厂房的墙面、工厂的地面实施修复。涂刷油漆是一项十分必要而且快速见效的改善手段。通过"油漆作战"活动，可以彻底改变设备及工作场所的"原始"

状态，会给人耳目一新，为之一振的感觉。同时也会让参与改善的员工产生自豪感与满足感，带动更多的员工参与到改善中来。

（二）"两源"改善

"两源"就是指发生源和困难源。

发生源通常是指对环境和设备造成污染的污染物及污染物的出处，包括液体、粉尘、刺激性气体、噪音、振动、热风等的产生场所，或者导致问题产生的直接原因。

困难源是指由于受场所位置过高、需很多工时、需他人协助、需较大投资或一时找不到合适办法等客观原因所限，在初期清扫阶段的工作中较难对应的场所或还没有解决的难题。

除了按照以上定义进行识别之外，还有一个更简便的识别办法，就是把"初期清扫"阶段遗留下来的问题进行梳理和确认，最后做成两源问题登记表进行管理。

解决两源问题的基本改善步骤如下。

①两源问题点识别和记录。

②回头看（0～1阶段）问题点的识别和记录。

③解决问题的计划和目标制订。

④对策的检讨和任务的分配。

⑤对策的实施与改善成果的记录、总结。

⑥阶段活动诊断实施。

本步骤工作要求充分发挥员工的创造性，积极投入到改善活动中。通过分析问题产生的原因，采取合理的改善对策，清除发生源或最大限度减少发生量，保持环境和设备的整洁。同时需要发扬团队精神，协力克服困难，使清扫作业简易化，提高作业效率，节省作业时间。

第一步骤和本步骤的工作都是以清扫为中心开展的，但保持环境和设备的整洁不是这两个步骤工作的唯一目的。通过对设备的清扫，可以更好地使设备的问题和设备表面的不良现象显现化，及时处理这些问题和不良现象对保持设备良好的运行状况是非常重要的。因此，这两个步骤是自主管理活动中不可缺少的重要内容。

关于"两源"改善，为了统一思想，方便分析问题和解决问题，我们也设计了让员工按照固有模式去改善的方法，困难点 Know-Why 分析表如表 2-5 所示。

表 2-5 困难点 Know-Why 分析表

（清扫、加油、点检、安全、操作、作业）小组名：

- 工序： - 不合理 No： - 时间： - 设备名： - 困难部位：	3. 现状	4. 改善操作	8. 改善后效果
	何处		
	做什么		
1. 不合理现象说明	怎样		
	多少		
	5. 分析原因		
2. 改善前的照片/图画	放任下去会怎么样？	发生不合理的原因	改善想法
	6. 改善方案	Round 1	Round 2	Round 3	确定方案	设置/措施
7. 改善后的照片/图画		问题				
		对策				
		问题				
		对策				
		问题				
		对策				

（三）清扫、润滑和点检标准拟定

在本阶段开展清扫、润滑和点检作业的标准拟定活动，主要目的是在目标时间内完成清扫、润滑和点检活动，固化前期的改善成果。所谓点检是指对设备的运行状态进行日常和周期性的检查确认及对设备进行日常和周期性的性能维护。例如：电机运行状态的确认、振动部位的螺丝紧固情况确认、传动皮带的松紧度及皮带的磨损状况确认、润滑油的定期更换等，都是设备全面点检的必要内容。

点检时还要求对设备的状况及运行参数进行尽可能全面地检查和测试，并保证维护工作的及时进行。

要拟定点检标准，首先要识别和确定点检项目和实施点检的频率，也就是要通过对设备原理、构造、机能的培训、学习和理解，及对设备以往故障情况和品质情况的分析，归纳出设备需要进行点检的项目，再形成文件，用来指导操作者对设备进行正确的点检工作。点检项目的确定可由操作者自主完成，也可在设备技术人员的指导下完成。

点检标准拟定阶段的基本改善步骤如下。

①须拟定点检标准的部位识别和记录。
②回头看（0～2阶段）问题点的识别和记录。
③解决问题的计划和目标制定。
④对策的检讨和任务的分配。
⑤对策的实施与改善成果的记录、总结。
⑥阶段活动诊断实施。

此步骤是上台阶活动中的结构。目的之一是通过对设备进行全面的点检，使之成为满足生产要求的可靠设备，以追求设备零故障为目标，达到设备的极限效率。本步骤工作的另一个重要目的是培养操作者，通过对设备原理、构造、机能的学习，通过点检工作的反复进行，使操作者不仅具有对设备进行点检、维护的能力，而且能及时察觉设备的某些怪异现象，提高操作者早期发现设备潜在故障和潜在事故隐患的能力。

（四）操作、点检工作效率化改善

上一步骤强调的是尽可能全面地对设备进行点检，本步骤则是在对设备进行全面点检的基础上追求点检工作的效率化。

随着点检工作的进行，点检经验的积累，技术水平的提高，维修备用品与维修工具、条件的改善，需要对点检项目进行优化，以实现自主管理水平的提高和点检作业的效率化。本步骤工作的开展需要特别注意发挥员工的改善意识。目视管理活动和点检通道的设置是提高点检工作效率的有效手段之一。

主要改善步骤如下。

①效率化、可视化项目的识别和记录。

②回头看（0～3阶段）问题点的识别和记录。

③解决问题的计划和目标制订。

④对策的检讨和任务的分配。

⑤对策的实施与改善成果的记录、总结。

⑥阶段活动诊断实施。

可视化管理在上台阶活动中的任务是，通过员工的改善活动将设备点检项目显现化，即：使不易观察的项目变得容易观察，不易实施的项目变得容易实施。

为了提高点检效率，设置点检绿色通道是一个很好的做法。具体是指在设备较集中的场所标示出点检者进行一次点检作业所要移动的路径，和沿路径各站点所要实施的点检项目等。

（五）自主管理体制的建立

上台阶活动导入阶段最后一个台阶是，建立自主管理体制。自主管理体制的建立是为了在前四个台阶取得成果的基础上，力求使整个活动成为一个有机的整体，巩固取得的成果，并保障上台阶活动能够持续推进。

要保证上台阶活动持续有效地开展，必须建立一套可持续推进的管理体制，这套管理体制建立的步骤如下。

①上台阶改善活动推进的标准识别和记录。

②回头看（前面阶段）问题点的识别和记录。

③解决问题的计划和目标制定。

④对策的检讨和任务的分配。

⑤对策的实施与改善成果的记录、总结。

⑥阶段活动诊断实施。

上台阶改善活动标准化完成之后，就可以持续开展后续（第六、第七……）台阶的改善活动，最终达到可持续自主保全和自主改善的目的。上台阶活动导入阶段的五个台阶也不是一成不变的。针对一些非装置型（如以装配为主的）而且硬件条件较好的工厂，在开展这项活动时，可以按照以下三步进一步简化活动步骤，以便更好、更快地取得期望的成果。

①初期清扫（微缺陷发掘与复原改善）。

②"两源"改善与点检效率化（可视化管理）。

③自主管理体制建立（改善与诊断活动标准化）。

（六）现场上台阶改善活动导入五个步骤之间的关系

如前所述，五个步骤分别有其固有的活动内容与侧重点，看上去是相互独立的，但事实上现场上台阶改善活动本来就是一个整体，人为地定义成五个步骤，目的是为了便于对活动进行阶段性的评价，并能够让员工及时体会到成就感。

五个步骤之间具有以下的相关关系。

1. 前一阶段活动的成功为后一阶段打下基础

在导入自主管理活动的过程中，判定某一阶段活动是否合格，最重要的依据是活动计划和任务是否完成80%以上。就是说，当一个阶段的任务没有完成80%以上，是不可以进入下一阶段的。这样要求的出发点是，前一阶段的工作是为下一阶段工作打基础，没有好的基础，后面的工作就将成为空中楼阁。

2. 后一阶段活动是对前面阶段活动的覆盖

每一个阶段的活动内容，都必须覆盖前面各阶段的内容。例如，在发生源和困难源治理的第二阶段，除了解决发生源和困难源之外，还要对第一阶段遗留的或后来新产生的微缺陷进行修理、修复。例如，在构筑自主管理体制的第五阶段，除了解决自主管理标准化问题之外，还应该对前面四个阶段的各类问题进行改善。

只有这样才能够真正体现持续改善、稳步提升的思想，才能够保证前期的问题不会反弹，不良习惯不会回潮。

（七）现场上台阶改善活动导入阶段完成后怎么办

完成了以上五个步骤的导入工作之后，现场上台阶改善活动就结束了吗？回答是否定的。正确的认识是，现场上台阶改善活动导入工作的完成只是为持续的自主管理活动开了个好头，建立一个好的活动机制，让班组长学会开展自主管理活动的方法。因此，改善活动组织者有必要按照 PDCA 循环的原理及前期制定的标准持续开展上台阶改善活动。每一个阶段必须确立一个改善主题，并围绕主题展开活动。

活动内容大致可以规划如下。
①本阶段活动主题和目标的确立。
②识别和记录与主题相关的问题点。
③回头看问题点的识别和记录。
④解决问题的计划和目标制定。
⑤对策的检讨和任务的分配。
⑥对策的实施与改善成果的记录、总结。
⑦阶段活动诊断实施。

如此循环往复下去，现场管理就可以越做越精，班组管理能力水平也会越来越高，并逐步走向自主管理和自主改善的高境界。

三、现场上台阶改善活动导入

（一）推进组织的建立

推进现场上台阶改善活动应建立厂级的推进组织，以指导各部门活动的开展，把握推进活动的进度，判定各部门活动开展的有效性。

该推进组织直接向最高管理者负责，得到最高管理者的授权，对指导各部门的现场上台阶改善活动具有权威性。另外，现场上台阶改善活动的开展需要得到各部门的配合和积极参与，需要得到各部门负责人的理解和支持，离开了这一点，活动就不能得到有效的开展和取得良好的效果。因此，为了保证推进组织具有足够的号召力和权威性，推进组织通常可以由下列人员组成。

①对上台阶改善活动有深刻认识的员工。
②设备管理方面的专业人员。
③各相关部门的负责人，他们以专职或兼职的形式参加推进组织的工作。

（二）现场上台阶改善活动基础知识的培训

现场上台阶改善活动就是要发动广大一线员工积极响应，自主维护自己的工作场所和使用的设备。为此，首先要解决两个问题，一个是认识问题，知道为什么要自己去做，另一个是方法问题，知道如何去做。

要解决好这两个问题，唯有对员工进行具体的教育和培训。通过教育，使员工明白什么是现场上台阶，为什么要开展这项管理活动，及自己在活动中的职责和自己工作的偏离将给活动的有效开展造成怎样的影响。员工只有明白了开展上台阶改善活动的意义，才能产生激情投入该项活动中去。上台阶改善活动的宗旨是自己维护所使用的设备，目的是将操作者的积极性调动起来，投入设备管理和设备保全工作中去。

现场员工是现场上台阶改善活动的主体，认为现场员工只需要按要求去做，而不需要理解为什么要那样做的想法是错误的。

教育员工如何进行上台阶改善活动是一个长期的任务，我们不能期望几次教育就能达到期待的效果，要结合现场事例，在工作中手把手地辅导，让员工逐步掌握上台阶改善活动的技能，并体会现场改善的成就感。

一般来说，这个阶段的培训有以下内容。

① 5S 活动基础。
② 上台阶改善活动概要和推进方法。
③ 可视化管理活动的概要和实施要领。
④ 现场诊断运营方法教育等。

培训可以采用多种形式，以企业内授课方式、现场讲解为主，必要时可以外派学习。

（三）现场上台阶改善活动方针的制定

为了有效推进这项活动，企业向员工展示一种积极向上的活动方针特别重要。

各部门应根据本部门的工作性质和特点制定部门的活动方针，方针中应对本部门开展上台阶改善活动所追求的目标和达到怎样的水平做出承诺，它同时也是活动中将怎样采取行动的指针。

活动方针可繁可简，它可以是一句鼓舞人心的口号，也可以是一段简练达意的文字说明。活动方针制定以后，还必须为企业或部门全体员工所熟知，通过各种形式进行宣传和展示，使全员真正明白开展上台阶活动的目的和追求的目标，以统一意志和激发员工的参与热情。

活动方针还应该体现企业改善文化和现场管理的特点，以便被广大员工所接受。

有这样一些活动方针可供参考。

①文明进取的员工、完好整洁的设备、温馨明快的工厂。

②一尘不染的设备、整洁优美的工厂。

③创建世界上最整洁、最安全的工厂。

④一流的员工、一流的管理、一流的工厂。

（四）导入过程中的几个重点工作

为了有效推进现场上台阶改善活动，需要做好以下几个方面的工作。

1. 管理的制度化

现场上台阶改善活动的导入过程就是现场自主管理体制逐步建立的过程。因此，一开始就应重视有关活动文件标准的制定，以明确活动的内容，规范活动的程序，从而使活动最终形成一种制度，以便活动能得到长期持续地开展。

虽然上台阶活动的第五个步骤叫"自主管理体制的建立"，但是这一步骤的工作更多地体现在对前四个步骤的工作方法、工作标准进行综合和优化上，而不是意味着在前四个步骤可以暂不考虑制度化工作。当然，开展上台阶改善活动强调现场管理水平的持续提高，制度也需要在整个过程中逐步得以完善。

2. 活动成果的总结和展示

在开展现场上台阶改善活动的过程中，对活动的成果进行总结和展示也很有必要，这样做的好处是显而易见的。要做好这项工作，从一开始就要养成一个好的工作习惯，即在改善措施实施之前要对现状进行认真的调查和记录。记录的方法很多，既可以是数值、文字报告，也可以是图像、照片等。

作为改善活动成果的展示，要特别做好改善前后的对比，这样做的好处有以下几点。

①能增强员工参与过程中的成就感，激发员工参与的积极性。
②促进公司内改善成果的交流、借鉴、推广，全面提升改善活动的水平。

③增强公司上层对改善活动的认同和信心，保证公司能为改善活动的持续推进提供必要的资源。

④改善成果总结的过程也是一个很好的学习过程，员工的能力会因此得到提高。

⑤有利于企业改善革新文化的形成和发展。

3. 上台阶改善活动的自主实施

开展现场上台阶改善活动，要特别强调使责任落实到个人或小组，并由操作者自主实施改善，以体现自主管理的宗旨，即"自己的设备自己维护"。

在活动开展之初，我们经常会听到这样的抱怨或指责：我们某工作推进不到位是由于某某部门配合不好造成的，举例如下。

①我们部门地面不干净，是因为后勤部门不合作。

②我们部门某设备防护罩没有如期制作完成，是因为采购部门没有按时采购到需要的物品。

③我们部门员工参与积极性不高，是因为公司工资制度、激励机制有缺陷。

当一个部门负责人还在为自己的落后找理由的时候，我们认为部门负责人的自主意识还没有形成，自然地，员工的自主参与也就无从谈起。

这个时候，需要引导管理者和员工打破现有观念，真正理解自主实施的重要性并体现在自己的行动上。

四、初期清扫与微缺陷治理活动推进

现场上台阶改善活动的推进是一个循序渐进的过程，以下就是推进这项活动的一些具体办法。

（一）识别初期清扫实施的对象，制订活动计划

当我们进入一个工厂，如果关注周围的环境、设备、员工等，我们经常可以看到以下一些不良现象。

①设备表面及周围环境布满灰尘、油污及加工废料。

②设备表面油漆剥落、锈蚀。

③设备内部脏污。

④设备表面及周围墙壁随意张贴。

⑤原材料、工具等随意摆放。

⑥通道不明确或随意被占用。

⑦电源线及管道随意连接或在地面上爬行。

⑧资料和文件必要的与不必要的都堆放在一起，查找困难。

⑨员工懒散、仪容不整，无谓走动或三五成群。

面对这些问题，管理者的态度或者见怪不怪，视而不见；或者无所作为，听之任之。可以肯定的是，如果不设法根除这些问

题，那么问题会越积越多，企业管理水平每况愈下，终究会危及企业的生存。

解决这些问题的办法就是 5S 活动，在上台阶改善活动中叫作初期清扫。推进 5S 活动就是要按整理、整顿、清扫、清洁、素养的要求对现场的不良现象加以改善，并最终确立有效的制度和形成员工良好的习惯。

管理专家认为，5S 是工厂或企业现场管理的基础，其最主要目的是创造一个干净整洁、富有条理的工作环境，以降低资源浪费、提高工作效率、提升员工士气。

（二）集中消除微缺陷

在 5S 达到一定水平，经过推进部门认可后，就可以着手开始消除现场和设备微缺陷的攻坚行动。在这个过程中，教育员工识别场所、设备等方面大量存在的微缺陷，引导员工自己动手消除微缺陷是非常重要的。

根据我多年的辅导经验，80% 以上的微缺陷都可以在短期内得到有效的治理。当然，消除微缺陷的办法有很多，比如紧固、加油、调整、修理、修复等。消除微缺陷活动，重在促进员工的全员参与和自主改善。

（三）有效的推进办法：问题票活动

"问题票"活动是成功推进初期清扫活动或 5S 活动最有效的办法之一。为了让读者具体了解和学会运用这个方法，现将这项活动介绍如下。

"问题票"活动就是发动大家一起找问题，并由相关部门或个人对问题积极采取对策的活动。

活动的推进方法共分为以下六个环节。

①活动的准备。

②教育和动员。

③贴"问题票"。

④问题票登录管理。

⑤解决问题后揭问题票。

⑥发生源和困难源登录管理。

1. 活动的准备

公司活动推进部门可以印制"问题票"，问题票样本如表 2-6 所示，大小约相当于一张扑克牌，"问题票"上的项目有区域或设备名、发行日期、管理编号、发行人、问题点描述等内容。为了使问题票更加醒目和有更强的提示作用，通常建议采用红色的纸张来印制问题票。

表 2-6　问题票样本

管理编号：		发行人：	
区域或设备名		发行日期	
问题点描述（事实情况）：			
对策（改善）结果记录：			
改善人		验收人	
验收结果：□合格　□不合格			
注：改善完毕后请将问题票返给发行人请其确认结果			

2. 培训和动员

培训的目的主要是让员工认识推动这项活动的意义和方法（*活动流程说明*）。

由于人性的弱点，自己部门被指出问题难免会造成不必要的心理负担。因此，让员工用积极开放的心态去接受大家提出的问题也是教育的主要目的之一。

同时，还要制订对员工改善的成果实施奖励的有关措施。

3. 贴"问题票"

活动推进部门召集各部门负责人或主要活动成员深入各个管理部门和管理现场，找问题点，贴"问题票"。一旦发现某个地方存在需要加以改善的问题，就填写一张"问题票"贴在问题发生处。

4. 问题点的登录管理

所属部门及时做好记录工作，并制成部门的问题点管理清单如表2-7所示，以便部门长进行跟踪管理，督促相关人员进行及时的改善活动。

表2-7 问题点管理清单

部门：_____　　　　　　每月问题票准时完成率：_____

评价栏：◎准时完成且符合要求　○未准时完成，但改善结果符合要求
△准时完成，改善结果部分符合要求　×未准时完成且改善结果不符合要求

编号	问题内容简要	发行日	完成日	实绩	确认者	评价栏	是否将改善进行推广	备注栏

5.解决问题或问题整改后，揭问题票

区域或设备管理的责任人发现问题票后，原则上应立即就问题票所描述的问题进行整改，并要求在规定的时限内完成。

对已解决的问题，可以从现场揭下问题票，并在问题清单上进行记录。及时统计出问题的整改完成情况，有效督促各部门的改善工作。

某位有心的管理者还把揭下来的问题票长期保存，封装在一个精致的容器内，外面赫然写着"我们的财富"。

（四）阶段活动成果总结与诊断实施

只要跟进得力，经过一段时间的整改之后，估计80%甚至更多的问题能得到有效解决，此时可以进行活动成果总结，并申请实时诊断验收。一些剩余的难点问题可以留待下一阶段进行研究解决。

1.阶段改善活动成果总结

对本阶段的活动内容、活动成果进行全面总结，准备接受诊断，并作为改善成果进行交流和展示。

改善活动的总结通常应包括如下内容。

①改善小组的组织架构。

②小组的名称、口号及释义。

③本阶段的改善目标与行动计划。

④重点活动内容要点说明。

⑤本阶段优秀的改善案例展示。

⑥本阶段总体改善成果总结。

⑦反省和后续打算（对活动过程的体会、反省及其他可以值得借鉴的经验）。

为了使成果的总结更直观可信，针对优秀的改善点，尽可能以改善前后对照的形式展现出来。总结报告完成之后，将报告与申请一起提交给推行委员会，等待有关人员根据标准实施现场诊断活动。

2. 现场诊断验收活动的实施办法

为了保证现场诊断验收活动能够有序正常地持续下去，在诊断之前就必须建立一套完整的《诊断验收实施细则》来规范诊断验收活动。

五、发生源和困难源改善

如前所述,初期清扫或者问题票活动推进一段时间以后,绝大多数问题能得到有效地解决,但是还有少量的发生源、困难源及慢性问题还一时得不到解决。针对这些发生源、困难源及慢性问题,我们有必要进行有计划的对策活动。

(一)登记发生源和困难源,制作改善计划

上一阶段活动结束后,可能还有一些发生源、困难源及某些慢性问题尚未解决。仔细分析这些问题,可以看出解决不了的原因主要是一些客观原因。例如,需要投入较多的资金但又没有预算,一时还找不到好的对策,或者对策(技术)能力不足等。这类问题是本阶段活动的改善重点。

1. 什么是发生源和困难源

发生源通常是指问题发生的源头或根本原因。发生源包括污染、不良灾害等,在这里重点指污染或跑冒滴漏发生的根源部位,如产品或原料的泄漏、飞散、漏油、渗水、漏气等。

困难源是指妨碍员工进行清扫或操作等行动的原因或部位,这里的行动包括清扫、点检、注油、紧固、操作、调整等。如电

机外壳的散热槽，清扫起来非常困难，设备顶部的仪表因为比较高而看不到，点检起来很困难，设备固定罩妨碍了注油等。

2."两源"登记管理

要解决发生源和困难源，就要对发生源与困难源的位置、产生的原因进行调查分析，并进行书面整理统计。这样做的目的是明确各种发生源和困难源的位置和数量，掌握问题的规模，寻找合适的解决办法。

困难源问题登记表和发生源问题登记表如表2-8、表2-9所示。

表2-8 困难源问题登记表

序号	车间	困难处	描述	改善措施	预计费用	改善担当	预完成日	完成担当	领导印	推行办印
例1	2车间车工班	35#设备	1.底座后端螺孔处漏油。2.设备的动力电源线碳损							

表 2-9 发生源问题登记表

序号	发生部位	不合理内容记录	发生量	发生原因	对策内容	对策责任人	改善时间 计划	改善时间 完成	实施后发生量	效果判定

（二）对问题进行对策改善

1. 培养改善意愿

从第二阶段开始会有一个重要任务，就是如何维持前阶段的活动成果？对于第二阶段，就是怎样维持第一阶段清扫的成果。一般来说，清扫越努力就越不想把清扫干净的设备再弄脏，对污染的发生源也会更加注意，自然就会考虑如何才能杜绝发生源。

在这个阶段里，作为管理者要考虑怎样快速支援和提供改善场地，直接上级尤其是基层干部要根据生产线员工的能力，对产品加工原理、设备机能、改善着眼点、工作方法等进行指导，特别要重视改善过程，中层干部应该经常到现场进行鼓励，以增加信心，提高员工参与改善的意愿和积极性。

2. 考虑切断发生源

如果发生源没能得到解决，就会增加困难部位解决的难度。比如油污发生源没有解决对策，油污到处扩散流入缝隙，清扫就相当困难，这个时候无论怎么改善困难部位，都将事倍功半或无济于事。

发生源解决对策主要有两条途径：一是消除发生源，二是隔离发生源。彻底消除发生源是应该首先考虑的，这是最好的方法。也会有一些例外，比如设备本身需要的润滑油、冷却水等的泄漏，滑动部位的摩擦粉末等发生源，在机理或功能上不可避免，这时一般不能采用去除发生源的方法，而应采用防止扩散的隔离方法，例如通常采取的对策有以下几种。

①减少发生的绝对量。

②切断扩散的途径。

③设置收集装置。

④利用盖子把其控制在最小范围内。

⑤在最近的位置设置挡板等。

3. 考虑困难部位对策

所谓困难部位的对策，是指把清扫困难、点检困难、点检费时的设备部位，改善成容易进行的部位。举例来讲，检查Ｖ型皮带时，在防护罩上开个窗口，就不必拆掉防护罩的所有螺丝，可以减少检查时间；把混乱的布线捆扎整齐，方便清扫；把设备高处的仪表向下弯曲，使人站在地面上就可以一次性进行点检等。

（三）问题改善对策的常用工具

为了保障和验证本阶段改善对策的有效性，培养员工从根本上解决问题的良好改善习惯，本阶段要求所有员工学习使用以下两个主要的工具。

1. 刨根分析表

刨根分析表（Know-Why 分析表）是一种针对现象穷追不舍的原因分析工具，也称 Why-Why 分析表。一般连续问 5 次以上"为什么"，直到使原因可以连接到人的具体行动作为结束标志。发生源 Know-Why 分析表如表 2-10 所示。

2. 循环改善表

循环改善表（Know-Why 滚动分析表）是一种追求创意不断累积和持续提升的工具，也称 Round 改善表。世界上几乎没有一次就能改善到位的完美方法，一般都需要有一次改善、二次改善甚至多次改善的过程。运用这个表，就是要求员工追求卓越，持续改善。Know-Why 滚动分析表样式如表 2-11 所示。

Chapter 2 现场上台阶改善机制

表 2-10 发生源 Know-Why 分析表

（污染、故障、不良） 小组名：智多星

		4. 现状	何处：钢砂注入口 做什么：抛丸生产时 怎样：注入口漏斗外 有钢砂大量泄漏 多少：2kg/Hour	5. 改善目标	使泄漏量降低到改善前的 1/4 以内。 （2kg/Hour → 0.5kg/Hour）	8. 改善后效果	泄漏量为零 几乎没有任何泄漏发生了
工序：抛丸工序 设备名：下砂管口 不合理现象：污染源 发生源种类：污染源	1. 不合理现象说明 抛丸设备每次启动使用时，经常会流到注入口漏斗外面，污染周围环境，	6.		Why → Why → Why → Why → Why 钢砂是怎样泄露出来的？→有直接掉到外面的，有飞溅出来的。 为什么会直接掉到外面？→连接管口距注入口太远。 为什么会有钢砂飞出来？→注入口处是敞开的，钢砂流下来后与注入口碰撞飞溅出来			
	2. 外观图（包括）	现象 （原因分析）		改善想法	①缩短连接管口与注入口之间的距离，不让钢砂有机会流到外面 ②制作罩子，防止飞溅起来的钢砂掉到外面		
				改善对策	①在现有连接管上套一段钢管，使连接管口可以伸到漏斗内。 ②在连接管口处用 1mm 厚的透明塑料胶制作罩子，将注入口漏斗完全罩住		
	3. 详细图（包括相关部分）	7.		制作及安装	①采用可以正好套在现在连接管上的钢管，调整长度使管口一直延伸到注入口漏斗平面以内，然后在套管上打孔，用螺丝将套管固定在原连接管上。 ②制作漏斗状的罩子，套在连接管上罩住注入口的漏斗。为了能随时知道注入口处状态，采用 1mm 厚的透明塑料胶片制作		

089

表2-11 Know-Why 滚动分析表

改善主题：　　　　设备名：　　　　　　　　　不合理 No：　　　　　小组名：

Round 1	Round 2
○何处： ○何物： ○怎么样： 改善如下： 进一步改善（必要）（不必要）	○改善之后的新问题： 所以这样改善： 进一步改善（必要）（不必要）

Round 4	Round 3
○改善之后的新问题： 所以这样改善： 进一步改善（必要）（不必要）	○改善之后的新问题： 所以这样改善： 进一步改善（必要）（不必要）

（四）阶段改善成果总结与诊断验收实施

对本阶段的活动内容、活动成果进行总结和接受诊断，并作为改善成果进行交流和展示。

六、点检或作业标准的推进

总点检就是根据需要对企业的场所、设备、工作等进行全面的确认和检查。总点检不仅包括设备部门，也包括企业业务部门。推进这项活动可以依照以下步骤进行。

（一）为了使操作者胜任，对操作者的教育

为了让操作者胜任点检工作，对操作者进行一定的专业技术知识和设备原理、构造、机能的教育是必要的。这项工作可由技术人员担当，并且要尽量采取轻松活泼的方式进行。

可制作教育计划，在计划中明确受教育者、教育担当者、教育的内容和日程安排，以保障教育工作的实施。

（二）点检项目的确定

点检就是对机器设备及场所进行定期和不定期的检查、5S、加油、维护等工作。

设备的点检通常可分为开机前点检、运行中点检、周期性点检三种情况。

①开机前点检是确认设备是否具备开机的条件。

②运行中点检是确认设备运行的状态、参数是否良好。

③周期性点检是指停机后定期对设备进行的检查和维护工作。

确定点检项目就是要确定设备在开机前、运行中和停机后，周期性需要检查和维护的具体项目。

点检项目的确定可以根据设备的有关技术资料、设备技术人员的指导和操作人员的经验完成。一开始确定的点检项目可能很烦琐，不是很精练、准确，之后逐渐对其进行简化和优化。

一般来说，点检项目应注意根据技术能力、维修备用品、维修工具等实际情况确定，并且要与专业技术人员进行的专业保全加以区别。在操作者的能力范围内，要做到点检项目尽可能完善，保障设备的日常运行安全可靠。

在确定点检项目的同时，要相应地制订每项点检项目的点检方法、判定基准和点检周期，以便点检工作的实施。

点检方法、判定基准和点检周期的定义如下。

①点检方法是指完成一个点检项目的手段，如目视、电流表测量、温度计测量等。

②点检基准是指一个点检项目测量值的允许范围，它是判定一个点检项目是否符合要求的依据，如电机的运行电流范围、液压油油压范围等，判定基准不是很清楚时，可以咨询设备制造商或根据技术人员（**专家**）的经验值进行假定，以后逐渐提高管理精度。

③点检周期是指一个点检项目两次点检作业之间的时间间隔。

（三）点检表的制订与点检的实施

1. 点检表的制订

点检表格是对设备进行点检作业的原始记录，通常包括以下项目。

①点检项目。

②点检方法。

③点检基准。

④点检周期。

⑤点检实施记录。

⑥异常情况记录。

应尽量在现场显眼的位置对点检表进行展示，以便管理者监督或员工自我监督点检作业的实施。

2. 点检的实施

根据点检表的要求，对设备、场所等进行点检。以下是某公司发电机开机前点检表、运行中点检表和发电机房周期点检表，分别如表2-12、表2-13、表2-14所示。

表2-12　发电机开机前点检表

No	内容	判断标准	每日结果确认（正常○；不正常×）											
			1	2	3	4	5	6	7	8	9	10	11 ……
1	燃油油位	绿色范围											
2	负荷开关	关闭状态											
3	速度转换开关	低速状态											
4	机油油位	标定范围内											
5	冷却水位	标定范围内											
6	风扇皮带	无松动损伤											
7	输油管阀门	开启状态											
8	蓄电池	观察孔呈绿色											
9	机身	无杂物											
	满足条件后签名、开机												

表2-13　发电机运行中点检表

No	内容	判断标准	每日结果确认（正常○；不正常×）											
			1	2	3	4	5	6	7	8	9	10	11 ……
1	负荷指针指向	绿色范围内											
2	电压指针指向	绿色范围内											
3	转速指针指向	绿色范围内											
4	阻值指针指向	绿色范围内											
5	风扇皮带状态	标定范围内											
6	排气口通畅	出口飘带											
7	机体温度	绿色范围内											
8	有无异常音	有/无											
	确认运转正常后，签名												

注：点检部位全部标示在机体上，一目了然。

表 2-14　发电机房周期点检表

No	点检内容	点检方法	判断标准	周期	良好○；要维修×						
					1	2	3	4	5	6	7 ……
1	机体状态	目视	干净无损伤	次/周							
2	油路和油阀开关	观测试验	灵活无锈蚀	次/周							
3	蓄电池	观测试验	无溢液电量足	次/周							
4	应急照明灯	观测试验	功能正常	次/周							
5	空气过滤器	清洁或更换	干净无损伤	次/周							
6	燃油泵开关柜	观测清洁	电流电压正常	次/周							
7	机油及过滤器	测试或更换	油位油质正常	次/周							
8	皮带松紧度	测试	松紧正常	次/周							
点检者盖章												
异常记录				确认签字								

（四）阶段改善成果总结与诊断实施

对本阶段的活动内容、活动成果进行总结和接受诊断，并作为改善成果进行交流和展示。

七、点检和作业效率的推进

提高点检工作效率主要包括两个方面的内容：一个是点检内容的简化和优化，另一个是通过可视化管理提高点检工作的效率和精度。

（一）点检内容的简化和优化

随着点检工作的进行，员工的经验会逐渐增长，技术水平会逐渐提高，维修工具和维修备用品的条件也会得到改善。在这种情况下，重新评估和检讨点检项目并进行简化和优化已经成为可能，优化的目的是促进点检水平和点检作业效率的提高。

对点检项目进行优化的要点如下。

①进一步明确自主保全与专业保全的划分。

②省略或合并某些点检项目。

③调整或延长点检作业的周期。

④提高判定基准的精度。

⑤使点检作业更直观、容易等。

（二）"可视化管理"活动的开展

"可视化管理"活动是一项能激发员工创造性和成就感的工作，对于调动员工参与上台阶改善活动的积极性是非常重要的。因此，推进部门对"可视化管理"活动应给予足够的重视。

1. 可视化管理的要点

可视化管理是5S活动的更高境界。它是一种通过把事物（设备、材料、品质、工具、文件等）的数量或特性值的管理极限进行可视化描述，以便不借助工具即可实施有效管理的方法。

达成可视化管理的标准包括三个层面：一是能明白现在（事物）的状态；二是任何人都能判断这种状态的好坏；三是清楚地指出状态出现异常时的处置方法。可视化管理几乎可以应用在工厂或企业管理的所有方面，如表2-15所示。

表2-15 可视化管理的应用

应用项目	管理方法
品质管理	分色管理、特性值管理、不良状态识别、品质异常提示
备用品管理	定位管理、数量管理、购买点管理
设备管理	定位管理、状态管理、点检标准管理、异常管理
物料管理	数量及限量管理、购买点管理、异常管理
文件管理	文件摆放、分类、提示、查询
场所管理	场所表示、定位线、揭示物整顿及规范化管理
环境管理	垃圾分色分类管理、环境美化、节能降耗提示
流程管理	重要程序提示、揭示

2. 可视化管理在工厂设备管理中的应用

在现场上台阶改善活动中，可视化管理通常可以在以下几个方面加以应用。

①安全注意事项的明示。

②复杂、重要操作步骤的明示。

③点检项目位置的标识。

④仪表正、异常范围的标识。

⑤液位正、异常范围的标识。

⑥阀门开、闭状态的标识。

⑦正确流向、转动方向的标识。

⑧不同媒质管道的分色管理。

⑨维修备品、维修工具的形迹管理等。

可视化管理可实施的项目远不止以上列举的这些，可视化管理适用于管理活动的方方面面（设备、工具、品质、场所、库存、文件、流程、安全应急、环境等）。只要现场员工充分发挥创造性，可视化管理的实施项目和表现手法就是非常丰富多彩的。

对"可视化管理"活动中好的改善事例应进行总结，或命名为"改善景点"并加以展示和推广。下面介绍一些可视化管理改善示例，希望对读者有所启发。

示例 1　压力表、温度计等正常、异常范围的标识

仪表指针类可视化管理如图 2-6 所示，我们很容易看出压力表、温度表等仪表的指示值是否在正常范围内。这样做的好处就是连外行也能判断现在的管理状态是否正常。

图 2-6 仪表指针类可视化管理

示例 2　管道的可视化管理

管道流质、流向的可视化如图 2-7 所示。有了流向和流质的标识，一旦出了问题，处置效率可以大大提高。

图 2-7　管道流质、流向的可视化

示例 3　阀门开闭状态的标识

当有许多阀门需要操作时，很难判定各阀门所处的状态是否正确。阀门开度的可视化管理如图 2-8 所示，在每个阀门安装一个开闭（刻度）指示牌，就很容易判定阀门所处的状态是否正确，避免发生操作上的失误。

另外，当使用楼层（部门）出现问题或异常时，也可以最快的速度进行解决。

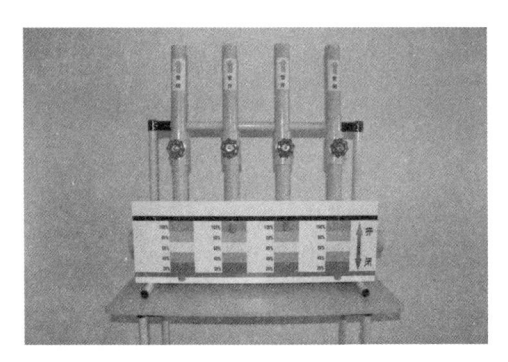

图 2-8　阀门开度的可视化管理

示例 4　维修工具的形迹管理

工具的形迹定置管理如图 2-9 所示，在摆放的每个工具下面都画上这个工具的形状，工具被取走了就能一目了然，同时使用者取走工具时挂上写有自己姓名的牌子，使工具的去处也一目了然，万一工具丢失也能得到及时的补充。

可以设想一下，如果没有进行这种管理，工具的丢失就有可能影响生产设备的及时修复。

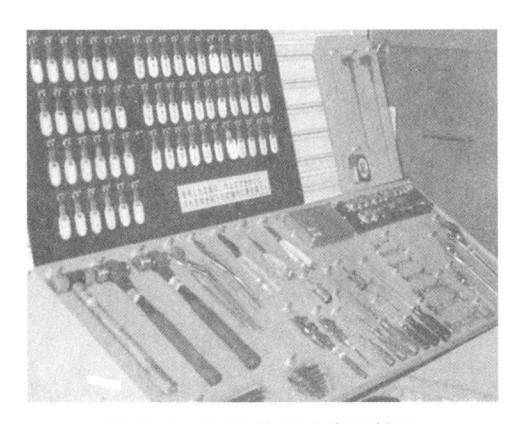

图 2-9　工具的形迹定置管理

示例 5　文件的可视化管理

文件柜的可视化管理如图 2-10 所示，好处不言自明，而且可以给人耳目一新的感觉。

图 2-10　文件柜的可视化管理

（三）点检通道的设置

在设备较集中的场所应考虑设置点检通道。点检通道的设置可采取在地面画线或设置指路牌的方式，然后沿着点检通道依据点检作业点的位置设置若干点检作业站（Station）。这样，点检者沿着点检通道走一圈便可以高效地完成一个区域内各个站点设备的点检作业，还能有效避免点检工作中的疏忽和遗漏。

设置点检通道有以下三个要点。

①点检时行进路径最短。

②点检项目都能被点检通道中的站点所覆盖。

③沿着点检通道，点检者很容易找到点检站点内各点检作业点的位置。

某公司发电机房设置点检通道后的地面情况，设备点检工作站如图 2-11 所示，设备点检通道如图 2-12 所示。

图 2-11　设备点检工作站　　图 2-12　设备点检通道

前面讲到点检作业分为开机前点检、运行中点检和停机后周期性点检三个方面，这三个方面设置点检通道都是可行的，设置于开机前点检和运行中点检的效果一般比设置于周期性点检要好。

于开机前点检和运行中点检时设置点检通道能很好地避免失误发生，提高点检作业的效率。

（四）小创意可视化管理改善

在可视化管理示例中，还有一类属于创意性小改善，这类小改善看上去可能对设备管理和效率提升没有多大益处，但是有利于美化环境并激发员工的工作和改善兴趣。

创意小改善如图 2-13 所示，其中案例 a 所示的是在一个裸露管道的墙体上用漂亮的"绿树"加以装饰的小改善。案例 b 是通过给墙面上的残缺点贴上一些美化的图像,让墙面变得更漂亮、有动感,美化环境。这些小改善是员工智慧被发掘出来的具体体现。

墙壁上的残缺点美化(a)　　　　抹布的美化(b)

图 2-13　创意小改善

(五)阶段改善成果总结与诊断实施

对本阶段的活动内容、活动成果进行总结和诊断,并作为改善成果进行交流和展示。

八、构建自主管理体制

本阶段的工作是为了使上台阶改善活动成为一种良好的活动机制，并得以长期有效地开展，保证现场管理水平持续提高。为此，必须建立一套可靠的自主管理体制，这套管理体制本身就是一个 PDCA 循环，它包含以下几个方面的内容。

①本阶段活动目标和活动计划。
②自主管理体系的标准化构建。
③标准运营确认。
④申请并接受诊断。

1. 活动方针的优化及制定

制定活动方针并为员工所熟知，目的是使全员明确开展现场上台阶改善活动的目的、追求的目标和要达到的水平，并为具体的活动提供指导，这项工作应在活动开始时就完成。

为保障上台阶改善活动持续有效地开展并形成制度化，必须有完善的管理标准来明确组织机能与职责、工作实施的办法、工作实施情况的监督检查和工作偏离时的纠正对策措施。管理标准可分为厂级和部门（或车间）级，厂级文件由推进部门制定，用以指导和规范全厂范围内上台阶改善活动的开展，部门级的文件由各部门制定，用以明确班组及个人的职责和规定工作实施的具体办法。

推进部门的管理文件主要包括以下内容。

①活动方针、活动目标和活动宣传。

②活动组织和职责分工。

③各阶段活动内容、活动办法、分析工具。

④员工培训与验证。

⑤阶段活动成果总结。

⑥诊断实施办法。

⑦诊断申请与诊断实施。

⑧表彰办法等。

把以上内容进行整合优化，做成《自主管理活动手册》是很不错的做法。部门也可以根据公司级管理文件制定相应的管理标准，来指导现场上台阶改善活动。

2. 自主管理工作的实施

这是在程序文件的指导下，对前四个工作步骤的具体实施，包括日常清扫，点检工作，对发生源和困难源的对策，提高点检工作效率的措施等。

3. 检查与纠正措施

关于自主管理阶段工作的实施是否符合管理标准的要求和计划安排，必须进行定期监督检查，同时应明确工作发生偏离时的纠正措施，以减少由此产生的负面影响。

4. 诊断活动的实施

部门在建立了自主管理体制，并能保障活动持续有效开展的情况下，可向推进部门提出诊断申请。推进部门对申请部门的自主管理体制进行诊断，符合规定要求时颁发认证证书，并定期进行复审。

诊断有以下四个目的。

①判定部门本阶段活动是否有效展开。

②判定部门自主管理体制是否符合标准要求。

③判定部门保全工作水平是否得到持续改善。

④对活动的进一步开展提供指导意见。

诊断工作应着重审核自主管理体制是否有效运行，它是通过客观地获得证据并判定自主管理活动是否符合设备管理的要求和有关管理标准的规定，以及工作是否得到了正确实施的验证过程。

九、现场诊断的准备与运营

随着现场上台阶改善活动的五个阶段工作持续开展，现场管理水平持续提升，班组长和组员的能力也得到大幅度提升，后者对一个企业来说具有更重要的意义。本节重点介绍改善成果的总结与诊断活动的运营管理。

（一）上台阶活动二级诊断概要

TPM 教材一般要求企业在推进自主保全过程中实施三级诊断，即部门诊断、专家诊断和领导诊断。根据经验，我们把三级诊断简化为二级诊断，操作更简便，效率更高，效果更好，具体如图 2-14 所示。

三级诊断
部门诊断
专家诊断
领导诊断

⇒

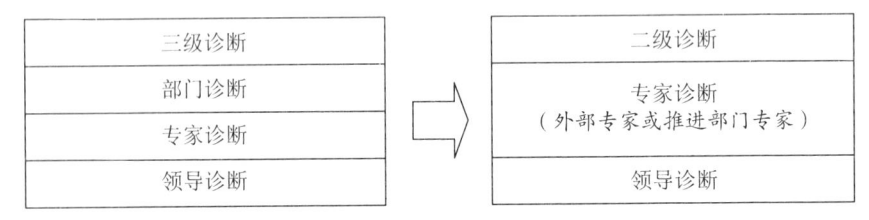

二级诊断
专家诊断（外部专家或推进部门专家）
领导诊断

图 2-14　三级诊断简化为二级诊断

实施二级诊断，外部专家或改善推进部门专家需要从一开始就对改善活动的方法和进度等进行必要的培训和辅导。活动部门认为条件成熟时，可以向外部专家或推进部门专家提出一级诊断申请。一级诊断的目的是发现申请部门改善活动中的不足，并督导申请部门在限期内对不足进行纠正和改善，经有关专家认可后，方可向公司提出二级诊断的申请。

二级诊断是为了让公司领导检阅活动成果，并创造一个领导激励员工的机会和平台。因此，在进行二级诊断的时候，推进部门及专家必须事先对诊断的内容、诊断流程及报告形式等做好细致的准备工作。

（二）改善成果的总结

某一个阶段活动结束后，经专家和公司诊断合格后方可进入下一阶段的工作。提出诊断申请之前，申请部门必须做好阶段活动总结，把本阶段的改善计划、活动内容、活动效果等做成改善报告，并以此作为改善成果进行交流和展示。

改善活动的总结报告通常应包括如下内容。

①本阶段的改善目标和改善计划。
②本阶段改善活动的内容。
③改善成果。
④对本阶段改善的反省（对活动过程的体会、反省及其他可以值得借鉴的经验）。

（三）诊断申请与诊断实施流程

现场上台阶改善活动有5个步骤，这5个步骤是5个不同的水准，因此，可以分步或合并提出诊断申请，自主管理活动诊断申请如表 2-16 所示。改善实施与诊断流程如图 2-15 所示，供读者参考。

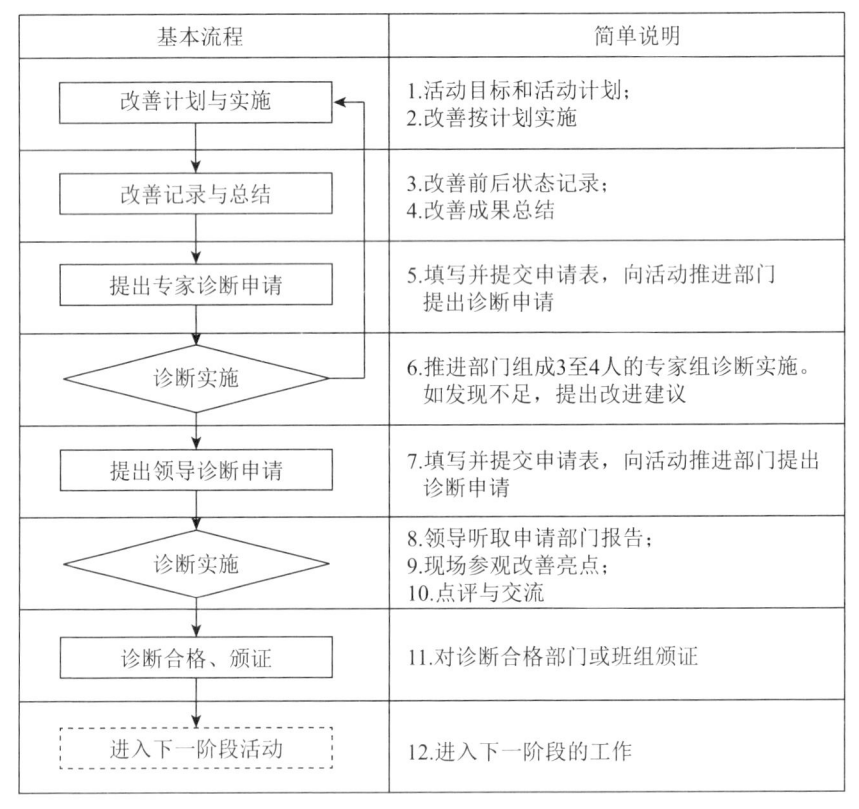

基本流程	简单说明
改善计划与实施	1.活动目标和活动计划； 2.改善按计划实施
改善记录与总结	3.改善前后状态记录； 4.改善成果总结
提出专家诊断申请	5.填写并提交申请表，向活动推进部门提出诊断申请
诊断实施	6.推进部门组成3至4人的专家组诊断实施。如发现不足，提出改进建议
提出领导诊断申请	7.填写并提交申请表，向活动推进部门提出诊断申请
诊断实施	8.领导听取申请部门报告； 9.现场参观改善亮点； 10.点评与交流
诊断合格、颁证	11.对诊断合格部门或班组颁证
进入下一阶段活动	12.进入下一阶段的工作

图 2-15　改善实施与诊断流程

（四）诊断申请与实施过程中的注意事项

诊断申请与实施过程中需要注意以下事项。

①原则上，部门可以自行决定诊断认证的级别和受诊断的对象，受诊断对象可以是部门全部区域，也可以是部分区域或设备。

②在通过专家（一级）诊断之前，不能直接提出领导（二级）诊断申请。

③诊断组成员将对计划、现场改善情况和改善报告进行诊断，并将获得的客观证据填写在自主管理活动诊断表（见表2-17）上，并对表中的诊断项目逐项进行符合性判断，针对诊断中发现的不符合事项给予建议、辅导，并确认对策措施的落实。

④诊断组组长根据员工的自主管理活动诊断表填写自主管理活动诊断结果报告（见表2-18），并连同诊断表一起上交给推进部门。

⑤领导诊断一般都会以合格通过，但是推进部门和申请部门需要认真听取领导的要求和意见，并及时在后续的工作中予以落实。

（五）上台阶活动诊断相关表格

表2-16　自主管理活动诊断申请表

1.申请（申请部门填写）				
申请部门		申请诊断时间		
接受诊断区域或设备				
诊断级别	（　）阶段：（　）		部门长签字	
诊断类别	□专家诊断　□领导诊断			
2.核准（革新部门填写）				
确定诊断时间				
诊断组成人员 （2~4名）	组长			
	组员			
要求准备事项			签字确认	

表 2-17 自主管理活动诊断表

1. 申请（申请部门填写）					
部门			诊断时间		
诊断区域					
诊断阶段	□ 0 阶段：5S 管理；□ 1 阶段：初期清扫； □ 2 阶段：两源对策；□ 3 阶段：点检标准化； □ 4 阶段：点检效率化；□ 5 阶段：自主管理体制建立				
2. 核准（推进部门填写）					
No	诊断项目	诊断要求	基准分 无	基准分 有	评分
1	问题识别	◇ 85% 以上的问题已被识别	0	10	
		◇ 看问题充分加 1～5 分	0	1～5	
2	改善目标和计划	◇ 有改善目标，有实施计划	0	10	
		◇ 计划水平高加 1～5 分	0	1～5	
3	改善实施与记录	◇ 85% 以上的问题已解决	0	10	
		◇ 改善记录好加 1～5 分	0	1～5	
4	改善效果	◇ 现场有实际改善效果	0	20	
		◇ 改善亮点展示好加 1～5 分	0	1～5	
5	改善总结报告	◇ 有改善结果总结报告	0	10	
		◇ 总结水平高加 1～5 分	0	1～5	
6	员工培训与士气	◇ 可证明有阶段全员培训	0	10	
		◇ 员工士气好加 1～5 分	0	1～5	
总得分					
诊断者签名					

表 2-18 自主管理活动诊断结果报告

申请部门			诊断时间		
诊断区域					
诊断对象			诊断组长		
诊断者		姓名	评分	备注	
	1				
	2				
	3				
	4				
平均得分					
诊断结论与问题点记录					
诊断结论	□合格		得分 85 分及以上		
	□有条件合格		得分在 80～85 分之间		
	□不合格		得分 80 分以下（不含 80 分）		
问题点	有条件合格时要重点填写：				
诊断小组意见			诊断组长		
革新部门结论			革新部门		

CHAPTER 3

员工微创新
提案活动

一个美好的持续改善故事

时至今日,狼性文化已经不是企业成功的不二法宝,企业管理回归人性已是大势所趋。

在一家推崇人性化管理的企业里,一线员工写信向董事长投诉厕所里经常没有厕纸,很不方便。董事长知道之后,马上指示行政部解决问题。行政经理早就知道有人将卷纸拿回家使用,他把自己知道的情况及费用预算不足的问题向领导做了汇报,但领导态度坚决地表示必须无条件及时补充厕纸。一个月下来,员工的抱怨没有了,但是用纸费用增加了近一倍,行政经理在月度工作汇报中因为成本控制不良受到了领导的批评。他当场抱怨,表示既要无限制供应(践行以人为本的思想),又要控制费用(兑现持续改善承诺),自己很为难。

善解人意的领导建议何不"群策群力"看看。行政经理召集几个部门一线员工中的改善能手开会,建议很快就由一位改善能手提出来了。他的方案是把小卷厕纸换为大卷,这样大卷纸就拿不下来了,即使拿下来也不方便带走,应该可以解决问题。经过一段时间试用,发现效果良好,纸张费用降了30%。

又过了一月有余,那位改善能手进一步建议,取消厕所内各蹲位的纸盒子,把其中一个固定在厕所门口,大家都能看到。改善之后效果十分明显,不仅可以保障员工随时有纸用,而且厕纸的使用量下降了许多。对于这个改善,公司对这位改善能手给予了物质和精神上的奖励。

从人性化管理的角度看这个案例，企业可以获得多方面的启示：第一，这家企业领导以人性化管理为经营原则，并身体力行；第二，人性化管理与效率、成本等管理并不矛盾，可以有机统一；第三，人性化管理既可以是目标（**让员工有纸用**），又可以是巧妙的方法（**利用"阳光"之法抑人性之恶**）和参与的过程（**通过奖励参与扬人性之善**）；第四，人性化管理不是某个一成不变的结果，而是可以持续追求的更高的管理境界。

事实证明，大量管理问题通常都可以找到巧妙或美好的人性化解决方案。

一、员工微创新提案活动与全员参与

员工微创新提案活动通过促进员工参与，改变员工意识，提升员工能力。改善行动是最好的学习过程，员工参与是重要的活动目标。员工微创新提案活动效果如图 3-1 所示。

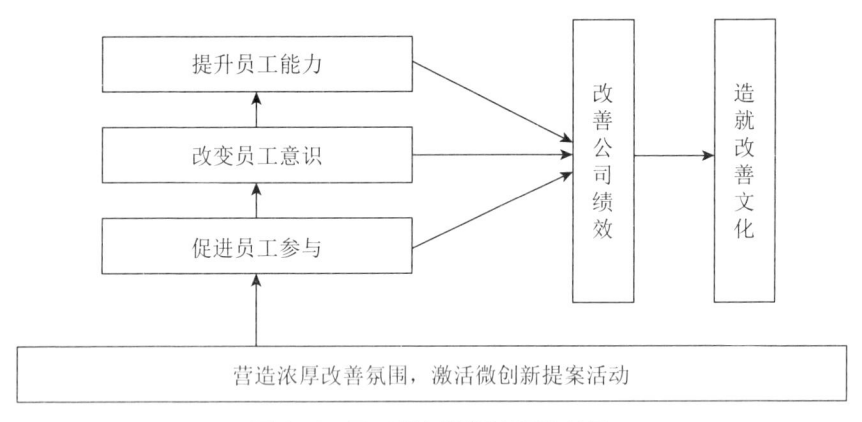

图 3-1 员工微创新提案活动效果

（一）员工微创新提案活动与提案的自主实施

员工微创新提案活动是公司通过一定的制度化奖励措施，引导和鼓励员工积极主动地提出并实施有利于改善企业经营绩效、提高企业管理水平的革新建议、改进意见和发明创造等。

员工微创新提案活动强调员工自主实施,写"提案"就是写"改善结果报告"。从以上定义中可以看出,员工微创新提案活动有以下两个基本特征。

1. 制度化的奖励措施

公司要建立一套有效和可操作的奖励制度及提案审核标准。提案审核标准用来核准员工提案的有效性和效果。奖励制度通过精神和物质奖励来激发员工,特别是一线员工参与提案活动的积极性。

2. 原则上要求提案者自主实施改善

我们坚持认为对一个企业来说,只有那些可实施并且已实施的提案才是真正有价值的。

公司要求或鼓励员工实施自己的改善提案。自主实施改善既可以培养员工自主发现问题、解决问题的良好习惯,又是提高员工工作能力和技能水平的有效途径。那些出发点及创意很好,但受客观条件限制不能实施或不能自主实施的提案也应该奖励(参与奖)。

(二)微创新提案不同于提建议

员工微创新提案活动看起来很像人们通常所说的合理化建议或提建议活动,但是两者还是在许多方面存在不同,具体如表3-1所示。

表 3-1 员工微创新提案活动与提建议活动的不同

比较项目	员工微创新提案活动	提建议活动
重视程度	最高领导重视	最高领导关注不够
活动目的	促进员工参与	改善经营效益
奖励方式	金额低、奖励面广	金额高、奖励面窄
推进方法	持续推进	非持续推进
活动目标	追求提案数量和质量	追求提案效果
提案格式	便于填写的格式	无指定格式
管理模式	标准化管理	无标准化管理

除此之外，员工微创新提案活动还应该注意以下几条。

1. 不限定提案内容

在这项活动中不限定提案范围，员工可以从企业经营活动的所有方面提出改善建议。提案内容可以涉及质量、效率、成本、安全、卫生、环境、培训等方面。

同时这项活动也不限定提案的大小和提案水平的高低，只要对企业有利，再小的建议都会被接纳、实施、奖励。

2. 提案格式标准化

为了促进员工的广泛参与，使用标准化的提案格式尤为重要，除了便于员工填写，更重要的是要让员工敢于填写。如果没有一定的格式，让员工自由发挥、自主组织文字，那么许多员工，特别是那些现场的一线（受教育程度较低）员工将束手无策。

3. 员工微创新提案活动不以经济效益为追求目标

提案活动最重要的目的是促进员工对活动的关注和参与，营造良好的改善活动氛围，因此要摒弃或排除任何追求或怀疑提案活动经济效益的意见和想法。

4. 员工微创新提案活动追求全员参与

改善和革新活动要想真正取得效果，员工积极广泛地参与十分重要，否则改善和革新活动将是企业高层的一厢情愿。在推进企业改善活动的过程中，要使企业内形成良好的改善氛围，创建有利于革新创造的企业文化，设法促进员工广泛积极地参与是达成这一目的的最好办法。

促进员工积极参与，提高员工积极性的最有效办法就是开展员工微创新提案活动，开展这项活动具有重要的现实意义。

（三）员工微创新提案活动的积极意义

长期坚持开展员工微创新提案活动，有利于培养自主、积极进取的员工，塑造积极向上的企业文化。

可以从以下几方面来理解它的积极作用。

①培养员工的问题意识和改善意识。

②改善员工精神面貌，创建积极进取、文明健康的企业文化。

③培养员工发现问题和解决问题的能力，提升员工技能。

④改善员工工作环境，提高员工满意度。

⑤改善设备的运行条件，提高设备运行效率。

⑥引导员工从细微处着眼，消除各种浪费、损耗，降低成本，提高效率。

除此之外，只要这项活动被充分激活，许多问题或不良现象都会被解决或消除在萌芽状态，从而有助于消除微缺陷，防患于未然。

　　因此，全体员工都来关注企业发展、关注并积极解决身边的问题、提出微创新提案，既是企业经营的需要，又是凝聚力的体现。

二、走出提案活动的误区

人们对员工微创新提案活动的理解容易产生以下误区。
①认为提案活动片面追求数量，质量不高。
②担心无法区分哪些是分内工作，哪些是改善。
③担心员工会为钱写提案，影响本职工作。
④担心管理水平提高后，提案会越来越少。
⑤担心等级评价由部门长决定，会产生不公正现象。
⑥重奖提案者，或按改善金额比例发放奖金。
⑦认为安装提案箱，就可以收到员工提案。

由于对活动的意义理解不足，员工或管理层会产生疑问和操作上的误区，只有提前解决这些问题，微创新提案活动才能顺利开展。

（一）认为提案活动片面追求数量，质量不高

本项活动的主要目的是促进员工的参与，营造良好、浓厚的改善活动氛围。提案本身的经济效益是次要的，只要有益，再小的提案都是可取、可嘉的。提案数量越多，说明员工对企业存在的问题越关注。管理无小事，再小的问题都应该认真对待，避

免引起大问题。在大量的微创新提案中，不时能淘出闪闪发光的"金子"。

大量微创新提案的积累必将为企业带来丰厚的回报。有专家做过统计调查，如表 3-2 所示，日本企业微创新提案奖金回报倍率在 30 以上。

表 3-2　日本企业微创新提案奖金回报倍率调查

调查项目	日本的数据
调查公司数（家）	559
员工数（人）	197 万
年度人均件数	24
年度参加率	60%
采用率	82%
每件经济效果	17670 日元
每件奖金	500 日元
回报倍率	35.3

（二）担心无法区分哪些是分内工作，哪些是改善

我在推进这项工作时就有过这样的疑问，特别是技术部门和设计部门员工提出的微创新提案争议更多。反方的论点是，技术部门本来就是解决生产中出现的问题，设计部门本来就应该不断地发明创造，何来微创新提案及工资以外的奖励？如果这种争论传达到高层（**高层认知不一致**），技术部门和设计部门的微创新

提案件数将一落千丈，这从反面印证了员工提案不仅仅是为了奖金，更是为了在参与中体现自身的价值。

作为精益改善专家，我认为改善活动没有部门之分，也没有分内、分外之别，任何有益于企业经营的建议、创新及发明创造都应该得到奖励。某集团的一位常务董事说："所有工作方法的改变只要以'当时的眼光'（以后可能会发现并不是最好）判断是有益（对企业经营和管理有帮助）的，它就应该受到奖励。"这也说明了管理学的一个道理：管理中没有最好，只有更好，改善无止境。判断员工微创新提案是否属于改善，只有一个标准，就是确认提案是否满足"改善"的两个条件，即"改方法"和"善结果"。

解决了以上疑问之后，人们关于分内、分外的争论才可能消除，不会影响员工参与微创新提案的积极性。

（三）担心员工会为钱写提案，影响本职工作

奖励制度本身就是通过少量的奖金来激发员工的提案热情。提案并不是随笔就能写成的，它需要员工了解和熟悉周围的工作，有很强的责任心和观察事物、发现问题的能力，有责任心、有能力的员工通常不会顾此失彼。实践证明，越是写提案多的人，本职工作做得越好。那些工作不认真的员工不会关注身边的问题，微创新提案也无从谈起。

如果能让一个不负责的员工加入积极提案的行列，那么他将从改善活动中得到启发，逐渐成为一名优秀的员工。这正是我们设法激活这项活动的根本目的，即让更多的人关注并参与员工微创新提案活动。

（四）担心管理水平提高后，提案会越来越少

我们在实践中发现，随着改善活动的深入开展，显而易见的问题会越来越少。一方面，人们担心管理水平提高后，问题会越来越少，微创新提案也会越来越少；另一方面，管理水平提高后，员工发现和解决问题的能力越来越强，发现的本质问题可能越来越多，微创新提案也会越来越多。企业内部也不是一成不变的，各种各样的变动（新产品导入、新技术引进等会引起决定工作和产品质量的 4M，即 Men、Machine、Material、Method 的变化）都会带来全新的问题，因此在企业管理水平提高后，对员工提案减少的担心是不必要的。

每当人们提高要求或提升发现问题的能力时，将发现越来越多的问题点，这就是员工微创新提案活动可以长期推进且不用担心提案减少的一个理论依据。问题点大小和数量之间的关系如图 3-2 所示。

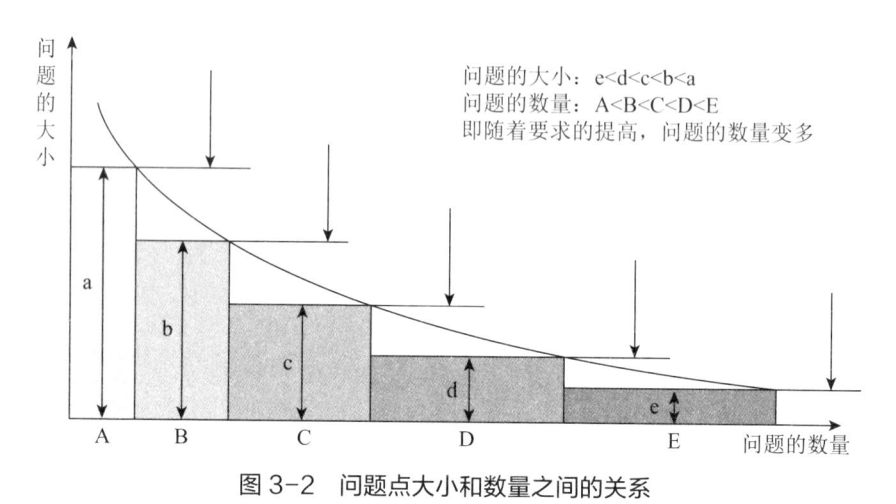

问题的大小：e<d<c<b<a
问题的数量：A<B<C<D<E
即随着要求的提高，问题的数量变多

图 3-2 问题点大小和数量之间的关系

如果发现员工微创新提案存在异常波动或逐月减少，那么就要研究是否在推进方法、推进力度、员工能力提高或其他方面出了问题。不及时克服这些问题，活动将面临全面滑坡的危险。

（五）担心等级评价由部门长决定，会产生不公正现象

评价工作主要是由部门长来做的，不排除提案定级上的偏差，但推进部门有责任对各部门的评级情况进行核准，发现问题及时沟通、调整，使评级工作趋于合理、公平。对奖励级别较高，特别是涉及无形效果的提案，还可以由推进部门协调组织实施会审，由跨部门委员一起给予考核定级。

（六）重奖提案者，或按改善金额比例发放奖金

重奖和按比例奖励是根据改善的金额计算奖金，这样做既不科学，又会引发某些副作用，原因有以下两点。

1. 让员工变得斤斤计较

重奖和按比例奖励对核算改善金额的精度提出了更高的要求，员工也会特别在乎核准金额的高低，从而变得斤斤计较。这样做就不可避免地会出现对核准金额的疑问，不仅会影响员工的士气，严重时还会影响员工和评价者之间的关系。

2. 可能造成不公平，不利于员工成长

由于重金诱惑，很难保证不会有人（提案人或评价者）铤而走险，弄虚作假，从而造成不公平并引起员工抱怨，不利于员工素养的提升。员工在乎的是提案被认可，因此最好的办法就是淡化奖金的物质意义，让它变成一种受到肯定的"符号"。

（七）认为安装提案箱，就可以收到员工提案

从前，一些企业在内部某些场所设置提案箱，员工可以主动将提案投入其中，企业安排指定人员定期开启提案箱，收集和处理箱内的提案。众多的尝试证明，这种做法不但落后，而且是注定要失败的。那些把微创新提案制度等同于提案箱活动的企业，员工微创新提案活动注定会成为一种摆设，员工的积极参与也无从谈起。为什么提案箱活动会是这样的结果呢？推敲之后我们不难理解：只要员工愿意就可以参与提案，不愿意也可以不参与提案。面对这样的提案箱活动，难道员工还有兴趣长期坚持提案吗？答案当然是否定的。

员工微创新提案活动成功的企业并不依赖于提案箱，而是"走动的提案箱"，即企业、部门的领导及精益活动推进代表担当提案箱的角色，直接催促、动员、说服员工参与提案，调动他们的积极性。

为了帮助和鼓励员工参与提案，有时候领导和推进人员要有意识地将自己的思路提示给员工，手把手辅导员工创新改善，让部门负责人或员工承诺完成提案的数量，是促进员工参与的好办法。

总之，要激活员工微创新提案活动，必须要由企业或部门负责人及精益活动推进代表积极推动。

三、员工微创新提案活动的标准化管理

提案活动是促进员工广泛参与、发掘员工聪明才智的最有效形式。标准化管理可以使活动能够长期有效地开展。

改善提案活动是一种通过标准化和制度化的评价、奖励措施来推动的改善活动。因此,开展改善提案活动最重要的工作就是建立一套提案等级评价标准和与之相对应的奖励制度。

提案活动的四大标准化内容如图3-3所示。

①提案格式标准化。
②提案等级评定办法标准化。
③奖励制度标准化。
④提案流程标准化。

以上内容可以归纳为改善提案活动奖励标准。通过运行这个奖励标准,可以达到对改善提案活动进行管理的目的。

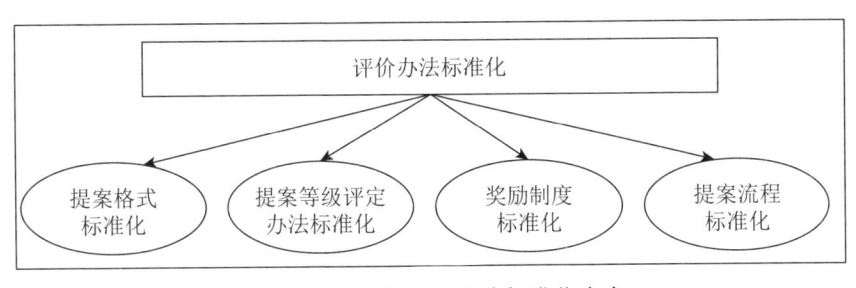

图3-3 提案活动的四大标准化内容

（一）微创新提案格式的标准化

员工微创新提案活动与合理化建议活动虽然看上去有些相似，但是许多企业的合理化建议活动没有具体的操作办法，员工不知道如何进行提案，特别是一线员工受教育程度参差不齐，就显得更加不知所措，对员工微创新提案活动的参与度大打折扣。

为了使员工微创新提案活动有良好的可操作性，我们将提案格式进行了标准化。在活动初期，可以使用简易型微创新提案格式（A表，见表3-3）。如果企业员工的素质较高或经过较长时间的训练，希望持续提高提案水平，可以同时使用一般型微创新提案格式（B表，见表3-4）。每个企业可以根据自身的情况做出选择。员工提案时，只要按格式要求填写即可。

表3-3 简易型微创新提案格式

微创新提案表（A）

姓名				部门				
课题								
改善前	问题点描述（文字、照片、图表）							
改善后	（改善方案）							
改善效果	□实施□未实施（预期效果）							
评价	1级	2级	3级	4级	5级	6级	初评	认可

注意：1. 提案原则上要求自主实施，或由部门领导协调实施；
   2. 提案人可以把提案提交给直属上司或部门领导

表 3-4 一般型微创新提案格式

微创新提案表（B）

姓名		部门	
课题			

| 改善前 | 问题描述： | 图示或数据： |
| | 要因分析： | 分析结果（关键要因）： |

| 改善后 | 改善对策： | 对策依据与实施： |

| 改善效果 | 有形效果： | 无形效果： |
| | | 环境 / 安全 / 士气 / 品质 |

| 评价 | 1级 | 2级 | 3级 | 4级 | 5级 | 6级 | 初评 | 审核 |

注意：1. 微创新提案原则上要求自主实施，或由部门领导协调实施；
　　　2. 提案人可以把微创新提案提交给直属上司或部门领导

提案格式标准化至少有以下几个方面的好处。

①便于员工填写，高效便捷。

②能向员工提供一种发现问题、解决问题的思路，有利于提升员工发现问题、分析问题和解决问题的能力。

③使评价高效、科学、合理。

④便于效果的确认和统计。

在实际提案过程中，某些小的改善提案只要将改善前和改善后的做法用照片或一两句话进行描述即可，这个时候使用简易型格式就方便快捷得多。

简易型和一般型提案格式的适用性可以简单地加以区别，简易型比较适合初、中级水平的提案，一般型比较适合中、高级水平的提案，两种微创新提案格式的适用情况如表 3-5 所示。

表 3-5　两种微创新提案格式的适用情况

提案＼级别	初级	中级	高级
一般型	△	○	◎
简易型	◎	○	△
◎很适用；○一般适用；△不太适用			

效果好的微创新提案要想获得较高级别的奖励，就必须使用一般型提案格式，有条件的员工会尽量采用 B 表提出微创新提案。

具体到某一企业，既可以只采用一种格式，又可以采用两种格式。使用两种格式的时候，最好特别指明哪种级别的提案采用哪种格式。

A、B 表的作用如下。

（1）A 表。

有些小提案、问题和改善措施十分简单明了，只要一句话就能说清楚，使用此表实用且高效快捷。

（2）B 表。

使用 B 表的好处是显而易见的，它可以引导员工思考并提高员工解决问题的能力。从表格的内容可以看出，填写一次 B 表就等于运行了一次小的 PDCA 循环，有利于强化员工解决问题的意识和能力。

对员工来说，写提案本身就是一次十分有效的训练和学习。

（二）微创新提案评价办法标准化

微创新提案的得分是根据以下项目的好坏决定的。

①有形效果（效果金额）。

②无形效果（效果的影响范围）。

③独创性或创意。

④提案的推广意义。

⑤提案的可实施性。

⑥实现改善需投入的努力程度等。

微创新提案评分标准如表 3-6 所示。

评价时的留意点如表 3-7 所示。这些事项也可以作为员工培训的内容进行相应的说明，供评价微创新提案或指导员工时参考。

表 3-6 微创新提案评分标准

		E	D	C	B	A
有形效果	55分	实施后可获得的年效果金额（元）：M 分					
		<5000	≥5000 <10000	≥10000 <20000	≥20000 <50000	≥50000
		0～8	9～16	17～24	25～32	33～40
无形效果		安全、卫生、环境、品质、积极性提升：N 分				
		<10%	<20%	<30%	<50%	≥50%
		0～3	4～6	7～9	10～12	13～15
备注说明：以上为一般分配方案，对不同提案，M、N 可任意分配							
独创性	10分	创意、独创性、窍门				
		无新意	有新意	有独创性	独创性强	极具创意
		0～2	3～4	5～6	7～8	9～10
推广性	10分	改善内容值得推广利用范围				
		个人	科室内	部门内	企业内	社会上
		0～2	3～4	5～6	7～8	9～10
完整性	10分	改善内容的完整性和修补的必要性				
		要大改	改一半	少许修改	微调	不用修改
		0～2	3～4	5～6	7～8	9～10
努力程度	15分	改善实施难度或努力度				
		少许努力	一些努力	相当努力	很努力	最大努力
		0～3	4～6	7～9	10～12	13～15
100分	得分：					

表 3-7　评价时的留意点

No.	评价的要点
1	微创新提案的前提条件有没有问题
2	微创新提案的效果是持续的还是一时的
3	微创新提案的内容和目的是否已经充分明晰
4	微创新提案实施的可行性如何
5	微创新提案的独创性有多强
6	微创新提案实施所投入的努力是否能得到确认
7	微创新提案运用、推广的范围如何
8	微创新提案对质量及相关管理项目有无副作用
9	微创新提案实施所需的费用如何
10	品质、安全性等能否得到保障
11	是否已经（自己或本部门）自主实施

（三）制定一个有形效果核算基准

制定统一的微创新提案等级评价基准是做好等级评价工作的前提条件之一。

企业有必要制作一份统一的微创新效果（有形效果）核算基准，这一基准应包括对成本或效率产生影响的主要项目，核算基准如下。

①人工费用（用工时成本表示）。

②用水、用电、用气费用。

③设备投资及折旧费用。

④设备或生产线停止造成工时损失费用。

⑤材料、零件、产品损耗费用。

⑥施工或维修等外委托费用。

⑦场地、空间费用（租金）。

⑧库存占用资金利息。

⑨运输、搬运费用等。

以上这些费用标准最好以财务的核算值为准，不方便提供财务核算值的企业（出于保密考虑）可以采用较低的估算值替代，重要的是公司要以统一的基准来平衡各部门的评级工作。有了有形效果（最终以金额表示的部分）的评定基准之后，企业可以用同一个基准来核算所有微创新的效果金额，并根据金额的大小确定微创新提案的得分和级别。

（四）无形效果的衡量办法

有形效果是可以量化的，但无形效果及其他方面（影响范围、创意和改善难度等）的评价基准难以确定，多数情况下要靠主观判断来决定改善的等级，可以按照无形效果的影响度（范围）和实施改善需付出的努力等来予以评价，如表 3-8 所示。

为了使各部门领导有效、客观地进行级别评判，在涉及较高级别的评价时，可以通过讨论的形式来决定提案的级别。长期坚持这样做，既能保证级别评判工作的公正性，帮助各部门领导建立一个比较统一的（定性）评判标准，又能通过对其他部门提案的了解获取可借鉴的改善信息，达到互相学习和共同提高的目的。

表3-8　无形效果评价基准

评价项目	评价或评级				
	高	较高	一般	较低	低
影响范围	有社会推广价值	有企业推广价值	有部门推广价值	有班组推广价值	无特别推广价值
创意水平	卓越	很好	好	较好	一般
改善难度	难度高	难度较高	一般	难度较低	难度低

（五）要"符号化"提案奖励金额

对微创新提案人实施物质和精神奖励是激发这项活动持续推进的良好措施，奖励办法的标准化应该包括精神和物质两方面。

关于物质奖励，首先要制定奖励标准。物质奖励一般有现金和物品两种，这里以现金为例进行说明。对各个级别的微创新提案发放奖金要根据奖金总额（财务部门或企业上层认可的预算额度）来决定，奖励标准就是提案的得分、评价级别和奖励金额的对应关系，示例如表3-9所示。

表3-9　奖金标准示例

得分	≤50	51～60	61～70	71～80	81～90	91～94	≥95
级别	6	5	4	3	2	1	特别奖
奖金（元）	10	15	20	50	150	300	不定

特别奖是针对一些创意和效果都特别好的改善而设，具体奖励金额可以由企业管理层设定。

奖金的支付方式一般以现金红包为主，这样做比起把奖金计入工资更具有激励作用。

除了物质奖励，还可以利用月度或年度冠军奖状、锦旗及其他能体现荣誉的形式予以表彰。

（六）提案受理、处理程序

有效收集员工提案并及时评级、奖励提案员工是激活改善提案活动的前提条件，为了持续推进这项活动，需要标准化提案受理、处理流程、提案受理及处理程序如图 3-4 所示。

员工提案处理不及时、奖金发放拖沓或无法按规定兑现奖金，都会影响员工的积极性，需要引起管理者注意。

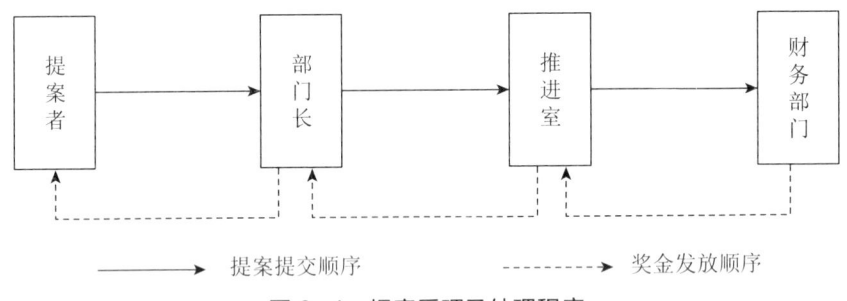

```
提案者 → 部门长 → 推进室 → 财务部门
```

——→ 提案提交顺序　　- - - →奖金发放顺序

图 3-4　提案受理及处理程序

特别说明：推进室原则上尊重部门长的评价和级别判定，但是针对那些评价级别较高的提案（*如三级以上*），推进室可以通过召集各部门活动委员开会予以审议核准，目的是逐步统一部门长对奖励级别的认识。

提案受理、处理过程中需要留意以下几个事项。

①部门内提案人和实施人不同时，由部门领导协调奖金分配。
②提案涉及其他部门或提案人不能直接实施时，具体的实施工作由 TPM 推进部门协调相关部门实施，实施后给予评级奖励，奖励由提案人和实施人共同分享（*推进部门协商决定*）。
③有积极意义但未能实施的提案也可以予以奖励，但只能被评为鼓励级。
④相同或类似的提案，原则上只给予原奖励级别一半的奖金，特殊情况（*需要投入较多努力完成*）可以适当提高奖金，具体金额由 TPM 推进部门决定。

四、激活员工微创新提案活动的办法

在日本出版的有关 TPM 改善活动的书籍里，很少有对激活改善活动方法的叙述，因为在日本企业里，员工接受较多的纪律训练，很容易做到"听话照做"，只要公司号召，员工就能积极响应并投身其中，所以在日本开展这项活动并不难。

在中国企业里，如果没有员工的广泛参与，员工微创新提案活动的积极意义将不能很好地体现出来。因此，企业有必要对激活提案活动的方法进行研究。

下面是我在长期负责人力资源管理、改善活动推动工作中，以及在为客户企业提供顾问服务过程中积累的一些可供借鉴的经验。

激活员工微创新提案活动的方法如图 3-5 所示。

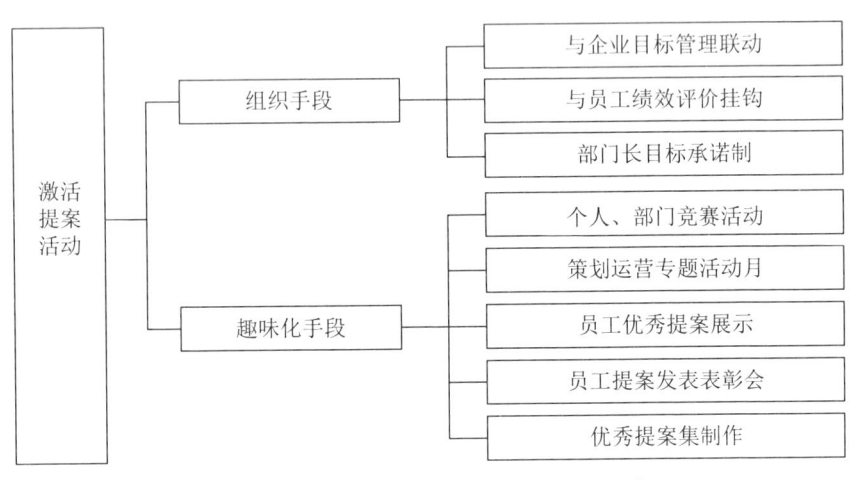

```
                    ┌─ 与企业目标管理联动
         ┌─ 组织手段 ─┼─ 与员工绩效评价挂钩
         │          └─ 部门长目标承诺制
激活提案活动 ┤
         │           ┌─ 个人、部门竞赛活动
         │           ├─ 策划运营专题活动月
         └─ 趣味化手段 ┼─ 员工优秀提案展示
                     ├─ 员工提案发表表彰会
                     └─ 优秀提案集制作
```

图 3-5 激活员工微创新提案活动的方法

员工微创新提案活动要追求员工,特别是一线员工的广泛参与,充分发掘他们参与的热情和改善的智慧。

(一) 从组织和管理机制入手

让员工积极参与提案活动不是一件简单的事情。最有效的办法是在推进提案活动的初期,从组织和管理机制出发,创造一个参与提案的环境。

以下是一些可供借鉴的方法。

1. 部门领导承诺制

在提案活动初期,经常会出现有些部门迟疑观望或消极对待的情况。如果没有办法及时消除这些现象,那些积极参与的部门也会受到打击。部门领导承诺制就是让那些积极的、犹豫的和消极对待的部门领导一起向所有人表明推动部门参与的决心。

具体做法是:召开提案活动动员会,部门领导上台承诺部门提案数和员工参与度,通常承诺内容要高于企业最低要求。

2. 与部门或个人绩效评价挂钩

每月把部门有效提案数和员工参与率作为部门绩效评价指标之一,也可以把个人有效提案数与绩效直接挂钩,即告诉部门管理者和员工"企业重视提案活动"。

某企业每月对一线员工评价一次,评价结果分为 A、B、C、D、E 五个等级,根据评价结果予以不同的奖励,评价结果与提案数量的关系如下。

①同时满足工作评价为 A 和有效提案 2 件或以上者,最终评价为 A。如有效提案 1 件或 0 件,最终评价降为 B。

②同时满足工作评价为 B 和有效提案 1 件或以上者，最终评价为 B。没有提案者，最终评价降为 C。
③整个年度获得 12 个 A 的员工可以获得三级晋升推荐（还需要获得人力资源部考核和上级批准）；获得 10 个 A 的员工可以获得两级晋升推荐；获得 8 个 A 的员工可以获得一级晋升推荐。

以上评价晋级机制向员工说明了一个重要的道理：优秀员工必须在做好本职工作的同时积极参与提案活动，改善提案是一件高尚且有创造性的工作。

（二）运用良好形式，促进活动趣味化

随着员工微创新提案活动的推进，开展各类评比展示活动很有必要。做好评比展示能获得多方面的效果：营造良好热烈的改善氛围，让员工感受积极向上的群体压力；为员工提供一个相互学习和借鉴的机会，激发好胜心；展示企业积极向上的改善文化，让员工体验成就感。

开展各类评比和展示活动是精神奖励的重要组成部分，有时候会发挥比物质奖励更好的效果。

企业要有计划地做好评比及各类展示的规划和制作工作。以下介绍几种有效的评比、展示活动方法。

1. 部门提案竞赛

开展部门间、班组间的竞赛活动，有效把握各部门提案指标（月度人均件数、员工参与率等），并把这些指标公示在醒目的位置，它的重要意义在于有效促进部门间和班组间的竞争，

培养员工的集体荣誉感。某企业 1～6 月人均提案件数如图 3-6 所示。

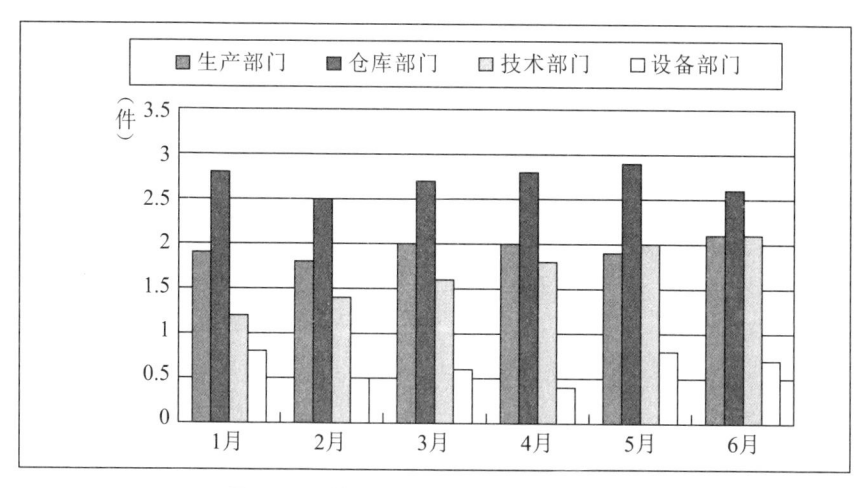

图 3-6　某企业 1～6 月人均提案件数

推进部门或企业管理层还可以根据竞赛结果，帮助后进部门研究问题所在，促进其奋发向上，赶超先进。

2. 个人提案龙虎榜

个人提案龙虎榜是把月度提案最多的几名员工的有关资料（姓名、提案件数、照片、感言等）展现在公示榜上，如表 3-10 所示。某企业员工精心制作的龙虎榜如图 3-7 所示。对一般员工来说，可以上榜是一件很光荣的事情。

表 3-10　个人提案龙虎榜

月份	月度龙虎			件数纪录	获奖感言
1 月	张××	照片	龙	57	
	陈××	照片	虎	23	
2 月	袁××	照片	龙	78	
	王××	照片	虎	35	

图 3-7　某企业龙虎榜

开展这项活动的主要目的是展现优秀提案者的风采,引导其他员工向优秀员工学习,形成人人争先进的良好局面。

3. 优秀示例展示或报告会

在每月的数百件、数千件提案中,不乏一些有创意、效果上乘的佳作。仅仅将这些优秀提案付诸实践显然是不够的,企业应该提供一个场所(展示板)或机会(报告会),将这些优秀提案展示出来,与其他员工共享提案成果,提高员工的整体提案水平。

4. 制作改善活动园地

经过一段时间的改善活动,可以尝试制作改善活动园地,全面展示企业或部门的改善文化和改善成果。某企业改善活动园地一角如图 3-8 所示。

图 3-8　某企业改善活动园地一角

在改善活动园地中，可以对企业方针、部门方针、改善活动体系、改善活动计划及改善活动成果等进行系统的描述，使之成为企业或部门对外（*来访者等*）宣传的窗口。

改善活动必须自始至终坚持自主实施的理念，员工一起剪切、粘贴，只有这样才显得更加有说服力。

5. 编辑员工提案示例集

有条件的企业可以把员工的优秀提案编辑成改善示例集并在内部发行，这样做能够彰显员工的智慧，让员工体会到成就感。

（三）培养员工强烈的问题意识

对任何企业或组织来说，最可怕的是在内部产生一种不把问题看作问题的惰性。这种惰性可能由两种情形造成：第一种是领导和员工对存在的问题视而不见，这类企业或组织是不具有生命力的；第二种是领导或员工虽然能够意识到问题的存在，但是由于能力或方法有限，对问题无能为力。随着时间的推移，第二种情形将很容易演变成第一种。

培养员工强烈的问题意识，目的是形成一种把问题当问题看的组织文化。

培养员工问题意识是一项长期工作，企业不能期望在短期内达到目的，要坚持不懈地努力。关于如何培养员工的问题意识，企业可以从以下几个方面着手。

1. 领导要率先垂范

要想让组织的成员有强烈的问题意识，领导必须率先垂范，正视存在的问题，并从企业经营的高度给员工讲解企业的各类问题，帮助员工提高自身的认知水平。

2. 现场指导

增强员工问题意识的有效办法之一是带领员工参观现场并指出问题所在，让员工对问题点有一个具体的感性认识。只要企业的各级领导能够关注管理上的各种问题，特别是现场存在的问题，并表现出及时改进的决心，员工的问题意识和改善意识就能得到根本的提高。

3. 贴问题票活动

定期召集部门负责人在企业内各部门巡视检查，发现问题就贴问题票（便于识别的红色票），并责令相关部门的负责人约定整改期限，之后由各个责任部门对问题进行解决，摘掉问题票。

（四）培养员工积极的行动意识

虽然有时候企业（部门）领导或员工能够意识到问题的存在，但是对问题无能为力，原因是个人或组织缺少积极的意识和行动力。

改善活动要遵循求新、求快、求变的原则，提倡养成一旦发现问题就立即制定对策的良好习惯，培育言行一致、雷厉风行的企业文化。

针对增强员工积极行动的意识和建立解决问题的督促机制，贴问题票及检查活动等都是比较有效的办法。

长期坚持发现问题并及时解决，事后对解决情况跟进管理，可以让员工明确问题所在和面对问题时的态度，这样就能培养员工良好积极的行动意识。

（五）激活员工微创新提案活动的原则

根据推进这项活动的实践经验，要激活一般提案改善活动还需要遵循以下几个原则。

1. 不拒绝任何提案

任何提案，只要有积极意义都应该给予受理、评价和奖励，这样长期坚持才能有效提高员工的积极性。

对毫无意义的建议可以拒绝，拒绝时应对当事人进行必要的说明并给予指导。

2. 表扬和鼓励先进

在任何活动中都要坚持以表扬为主的原则，让员工从表扬中体会到参与的成就感和工作的乐趣，激励先进员工更先进，鞭策后进员工学习和仿效。

3. 评价和奖励工作高效及时

评价奖励工作要高效及时，不能拖拉，只有这样做才能让员工感觉到他的提案受到了重视和关注。

4. 奖金一定要及时兑现

对事先在奖励制度中约定的奖金一定要兑现，不能以任何形式和理由克扣。如果发现奖金设置不合理，应该及时进行调整。

5. 对后进部门和员工要给予必要的指导

后进部门和员工一方面可能是没有解决认知问题，另一方面可能是没有掌握活动的方法。聪明的领导者都应该清楚，这两方面的问题不是简单地批评和指责就能解决的。要想改变现状，就要帮助他们分析活动推进不力的原因，让他们认识到改善的重要性，或者施以改善方法的指导，帮助他们改变现状。

6. 不指责员工的抱怨或要求型提案

很多推进过这项活动的人都有这样的体验：员工们提的建议都是些对企业的要求或抱怨，与期待的改善提案相距甚远。作为管理者绝不可以对员工的抱怨横加指责，应该积极引导，辅导他们如何把抱怨变成提案。

从我长期推进这项活动的经验来看，这是活动初期最常见的问题，这个时候既不能指责员工提案水平低下，又不能简单地默认这些提案而给予奖励，唯一能做的是告诉他们什么叫提案，用实例说明抱怨、要求和提案的区别。

案例 1

某企业在早期 TPM 活动推进过程中，经常收到类似改善食堂伙食的抱怨或要求式提案，如表 3-11 所示。

表 3-11 抱怨或要求式提案

改善前	伙食不好，不合口味
改善后	建议食堂改善伙食
效 果	员工满意

很显然，这是一个抱怨或要求式提案，根本不是改善提案。企业改善部门找到该员工，告诉她这个只是要求而已，并不是改善提案。经过了解后他们发现，她对改善还是有些想法的，她说："公司里四川人、湖南人那么多，我来公司两年了，从来没在食堂吃过辣椒，怎么吃得香？"一句话听似抱

怨，却说出了她对伙食不满的深层原因，改善部门根据这个思路讨论如何改善伙食。

建议1：规定每周至少三天要做有辣椒的菜，但这样做有可能会影响本地员工的口味。

建议2：在每桌放一小罐辣椒酱，由员工自主选择。

讨论至此，双方都豁然开朗，如果把这些方案写入改善提案书，再与总务部协商、实施，不就是一个很好的提案吗？

经过推进部门协调，总务部门同意并实施了建议2的方案，员工们大为赞赏。

在推进人员的辅导下，这位员工对抱怨式提案内容进行了整理，修改后的食堂伙食改善提案如表3-12所示。抱怨与改善只有一步之遥，企业要以积极和包容的态度面对员工的"抱怨"。

表3-12　修改后的食堂伙食改善提案

问 题 点	许多员工反映伙食不好，不合口味，吃不香，影响员工满意度
原因分析	企业内四川省、湖南省、江西省等地的员工占员工总数的60%以上，他们有吃辣椒的习惯。但是公司食堂从来就没有做过有辣椒的菜，所以他们不满意
改善建议	建议1：规定每周至少三天要做有辣椒的菜，但这样做有可能会影响本地员工的口味； 建议2：在每一桌上放一小罐辣椒酱，由员工自主选择
期待效果	满足更多人的需要，促进员工满意

最后，这位员工终于完成了伙食改善提案表（见表3-13），企业根据标准奖励了她50元。改善活动推进人员及各部门负责人只要能够耐心地对员工进行类似的教育和辅导，提升提案质量就指日可待了。

表3-13 伙食改善提案表

姓名	张××			部门			生产部门	
课题	关于食堂伙食的改善							
改善前	问题点 许多员工反映伙食不好，不合口味，吃不香。影响员工满意度							
	原因分析 公司内四川省、湖南省、江西省等地的员工占员工总数的60%以上，他们有吃辣椒的习惯。但是企业食堂从来就没有做过有辣椒的菜，所以他们不满意							
改善后	改善方案 改善方案1：规定每周至少三天要做有辣椒的菜，但这样做可能会影响本地员工的口味； 改善方案2：在每一桌上放一小罐辣椒酱，由员工自主选择							
改善效果	□经总务部确认，选择方案2 □已实施 1.有形效果：无； 2.无形效果：员工满意							
评价	1级	2级	3级	4级	5级	6级	初评	认可

案例 2

一家企业的经营者独辟蹊径,提倡用钱买抱怨(主要是工作上的抱怨),推出工作抱怨与改善表(见表3-14)。他把提案表一分为二,一线员工只需把工作抱怨写出来,主管负责进行工作改善,改善的奖金发给该员工。

流程:员工→直接上司→部门经理→推进办。

表3-14 工作抱怨与改善表

抱怨栏	(员工填写)
改善栏	(主管上司改善后填写)
效 果	
评 价	

(六)员工微创新提案活动激活程度的评价

个人改善提案活动的最主要目的是激发员工的积极性,促进其对活动的广泛参与。在这项活动中,企业追求的并不是一般期待的有形经济效益(成本、效率等),而是员工有意识的积极行动。只要多数员工能积极投入这项活动,提案的质量维持在较高的水平，就能形成浓厚的改善氛围，改善革新的企业文化也得以建立。

企业或部门的提案活动是否已经被激活，可以依据以下两个指标来衡量：一个是员工参与度，另一个是月度人均提案件数。

1. 员工参与度指标

员工参与度是反映提案活动激活程度的一个重要指标。以下是员工参与度的计算公式。

员工参与度 =（月度参与提案的人数 / 总人数）× 100%

员工参与度数值越大（越接近100%），全员参与活动的意义就越大。

假设某部门月度提案总件数为150件，员工人数为50个，那么人均提案达到3件。如果所有的提案都是由5名员工来完成的，那么员工参与度仅为10%，90%的员工没有参与这项活动，与全员参与的初衷相距甚远。

改善活动的目标之一是全员参与，而个人改善提案活动是最能体现员工参与意义的，因此，较高的员工参与度是企业追求的一个重要指标。

2. 月度人均提案件数指标

月度人均提案件数是评价活动激活程度的重要指标之一。以下是它的计算公式。

月度人均提案件数 = 月度提案总件数 / 部门总人数

企业（工厂）或部门的改善提案越多，说明员工的问题意识和改善意识越强，就越能促进企业管理水平和员工工作能力的提高。员工对企业（部门）发展的广泛关注，是企业（部门）凝聚力的体现。

对于一个较大的组织，如果月度人均提案和员工参与度指标能分别维持在 1 件和 50% 以上，那么我们认为这个企业（部门）的改善活动已经被激活了。维持有两方面的含义，一方面是指月度人均提案和员工参与度指标是在没有外力的条件下达成的，另一方面是指指标能延续较长一段时间（半年以上）而不回落。

对于活动推进部门来说，使用提案指标推移图（见图 3-9）的形式来长期跟进这两项指标，对持续开展这项活动很有意义。若在图中发现有异常的振荡，特别是出现指标下降的情况时，就要仔细探究问题根源并研究对策使指标回升，以保证活动的热度。

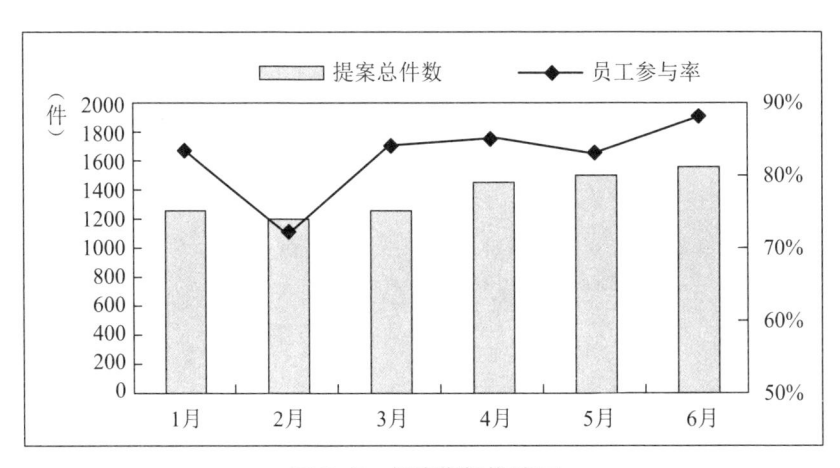

图 3-9　提案指标推移图

如图 3-9 所示，员工参与率在 2 月出现了异常情况，经确认是由于引进了一批新员工，属正常波动。如果是非正常波动，那么就要研究推动方法上的问题。

（七）人性决定了改善活动必须经历三个阶段

改善提案活动的热度经常会出现反复，为什么会出现这种反复？如何面对这种局面呢？要回答这个问题，还要从人的行为特点进行分析。行为学研究发现，人（个人或集体）在面对新事物的时候，都会经历抵触期、降服期、主动期三个阶段，改善活动的推进过程也不例外（见图3-10）。

第一个阶段是抵触期。在此阶段，多数人（主观或客观地）不能很好地接受改善活动，只有少数人在强有力的推动下（向上的箭头）才勉强提出一些提案。

第二个阶段是降服期。当推动力足够强大并持续一定的时间后，人们（或多数人）在被动中接受现实，放弃抗拒（降服于推动力），根据要求或随多数人一起提出改善提案。

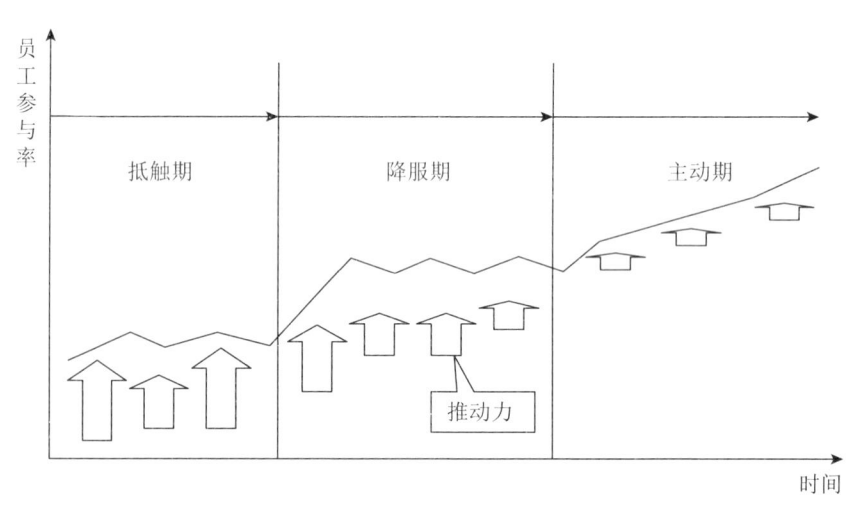

图3-10 改善活动的三个阶段

第三个阶段就是企业要追求的主动期。在这个阶段，员工已经能从改善提案活动中充分体会到成就感和乐趣，他们能在很小的外力推动下参与活动。

了解了人的行为模式后，企业就能够理解为什么提案活动的热度会经常出现反复了。假设在抵触期或降服期内推动力不足，提案件数将立刻降下来。因此，当面临反复的时候，企业要认真确认改善活动处在哪个阶段，提案件数降下来的根本原因是推动力上出了问题，要么是推动力不足，要么是员工培训不够等。

成功的推进案例表明，一旦改善提案活动达到主动期之后，没有强大的推动力也照样能够维持一定的提案水平。特别需要注意的是，世界上没有永动机，完全的自动自发是不存在的，所以企业管理者要始终关注提案活动的开展，并通过常态化推进把员工参与改善的热情保持下去。

五、认识管理中的问题点

培养问题意识是改善（解决问题）的第一步（见图 3-11）。

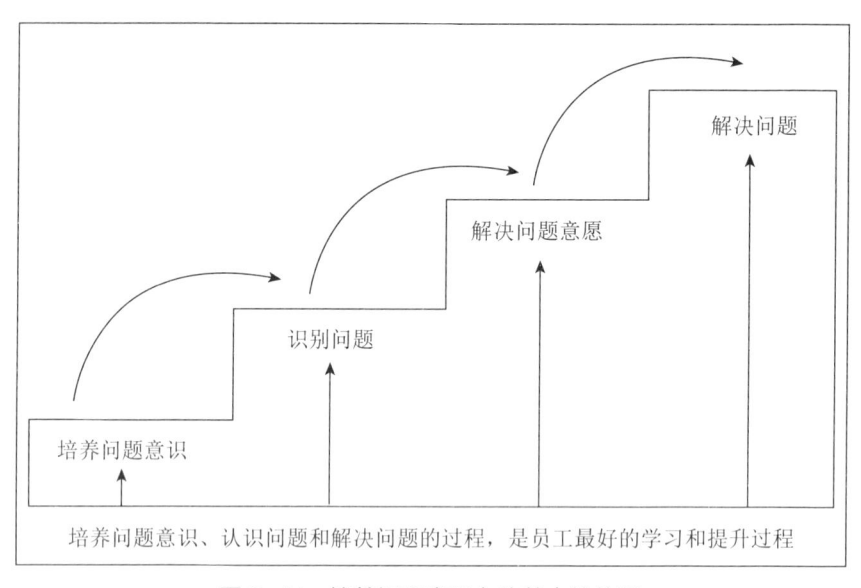

图 3-11　培养问题意识在改善中的位置

培养员工的问题意识和教会员工如何提出提案，是激活员工微创新提案活动的重要环节。因此，让员工学会认识管理中的问题显得特别重要。

任何企业都存在大量影响精益效益的问题。全面精益改善是一项持续追求零损耗的活动，企业必须让员工端正对问题的认识，并教会员工如何识别身边的问题，帮助他们树立强烈的问题意识，提升他们发现问题的能力。一个人如果对周围的事物缺乏了解和认识并安于现状，那么他就不可能发现身边的问题，也就不可能提出好的提案和建议。

本节将着重介绍一些有代表性的问题，以便读者举一反三，触类旁通。用这些问题去衡量你身边的工作和事物，就一定能发现，原来我们身边到处都是问题，何愁找不到改进的机会呢？

（一）购买、使用方面的问题（见表3-15）

表3-15 购买、使用方面的问题

No.	存在的现象（问题）	后果
1	购买时未考虑使用量	购买量过多或太少
2	顺带购买	增加库存
3	认为购买量大会便宜些	增加库存
4	使用申请单及各类票据多	费用高、效率低
5	从价格较高的地方购买	支出高
6	无竞价机制	价格高
7	使用过多、过快	费用高
8	未用完的物品便废弃	浪费多
9	定期购买量未进行必要调整	库存量增大
10	购买、在库管理分散	库存多、浪费多
11	个人持有量多	浪费
12	购买之后未使用	浪费
13	库存量不明，无人管理	大量长期库存发生

（二）物流、搬运方面的问题（见表 3-16）

表 3-16　物流、搬运方面的问题

No.	存在的现象（问题）	后果
1	区域规划不合理	搬送距离长
2	搬送工具无定位管理	寻找搬送工具时间长
3	搬送工具等待时间长	效率低下
4	重复搬送次数多	效率低下
5	人工搬送多、距离远	浪费人工
6	容器、棚车太大或太小	装载、运送效率低
7	手工搬送物品质量过大	劳动强度过大
8	包装过剩	引起包装材料的浪费
9	单程空载或无目的运行	空搬系数大，效率低

（三）作业动作方面的问题（见表3-17）

表 3-17　作业动作方面的问题

No.	存在的现象（问题）	后果
1	双手闲置、等待	人工浪费
2	单手闲置、等待	人工浪费
3	作业动作停止	人工浪费
4	作业动作过大	人工浪费、强度大
5	换手	人工浪费
6	步行	人工浪费
7	转身角度大	人工浪费、强度大
8	没充分进行并行作业	人工浪费
9	工作窍门不明	造成不良品或效率低
10	伸腰、抬脚困难作业	人工浪费、强度大
11	弯腰、曲背困难作业	人工浪费、强度大
12	作业顺序不合理	人工浪费
13	作业要求不明确	产出不良品或效率低

（四）加工作业方面的问题（见表3-18）

表3-18　加工作业方面的问题

No.	存在的现象（问题）	后果
1	移动距离过长	人工和设备浪费
2	材料零部件半成品搬送多	人工和设备浪费
3	换模、准备时间浪费	人工和设备浪费
4	加工机械等待时间长	设备浪费
5	重复搬送、重复作业多	人工和设备浪费
6	选用的机械、工具不合适	浪费或产出不良品
7	加工机械空转时间长	设备效率低下
8	加工顺序不合理	设备效率低下
9	出货检查多	人工浪费
10	加工工艺制定时间过长	人工浪费
11	机械清扫、点检效率低	人工浪费
12	加工计划不合理	设备、人工浪费
13	加工条件不合理	加工不良品多

（五）管理业务方面的问题（见表 3-19）

表 3-19　管理业务方面的问题

No.	存在的现象（问题）	后果
1	有计划，不照计划执行	人工浪费
2	无目标地推进计划	人工浪费
3	无计划进行	效率低
4	无目的地进行现状调查	效率低
5	现状调查时间过长、过频	人工浪费
6	未把握真正的原因前进行决策	效率低、人工浪费
7	无谓地记录一些数据	人工浪费
8	知道问题，但未及时制定对策	机会损失
9	业务顺序不明	效率低、易出现不良品
10	日常点检过多、过细	效率低、人工浪费
11	点检周期不合适、过频	效率低、人工浪费
12	点检结果与行动脱节	效率低
13	会议多且长、会议无结果	人工浪费、效率低

（六）事务工作方面的问题（见表 3-20）

表 3-20　事务工作方面的问题

No.	存在的现象（问题）	后果
1	重复抄写	人工浪费
2	签字及确认程序过多	人工浪费、效率低
3	部门间文件传递慢	效率低
4	文件停滞、滞留时间长	效率低
5	找文件时间多而长	效率低
6	重要数据需要时才计算	效率低
7	文件多而重复	效率低
8	文件保管时间不明或过长	效率低、占用空间大
9	复印、发行多	效率低
10	文件不明造成不必要咨询	效率低
11	文件表格样式不规范	效率低
12	文件与实际工作不符合	效率低或产出不良品
13	个人持有文件多，未共享	效率低和浪费

（七）安全及 5S 方面的问题（见表 3-21）

表 3-21　安全及 5S 方面的问题

No.	存在的现象（问题）	后果
1	消防通道不畅	安全性降低
2	消防设备维护不良	安全性降低
3	消防设备规划、摆放不合理	安全性降低
4	地面、墙面脏污，油漆脱落	形象不良
5	机器设备有灰尘、脏污	影响设备状态
6	地面上、台面上乱摆放	效率低
7	墙面上有不规范张贴物	形象不良
8	良品和不良品没有标识	效率低、易出错
9	因故障损坏未及时修复	影响效率、质量
10	现场有引起事故的隐患	安全性低
11	有危害环境行为发生	损害企业信誉
12	未采取劳动保护措施	安全性低
13	对易燃、易爆品未特别管理	安全性低
14	有各种资源浪费现象	浪费多

六、员工微创新提案活动事例学习

（一）员工微创新提案活动管理标准范例（见表 3-22）

表 3-22　员工微创新提案活动管理标准范例

标准名：分类：	微创新提案奖励标准		编号：
一、活动目的 员工微创新提案活动是全面精益改善活动的重要组成部分，为了充分调动员工参与改善的积极性，优化企业经营体质，特制定本微创新提案奖励标准			
二、适用范围和制定、修订权限 本标准适用于企业全体员工参与的员工微创新提案活动。本标准由改善推进部门负责制定、修订，经改善活动委员会主任批准后实施			
三、奖励项目 1. 微创新提案奖； 2. 部门月度平均提案件数奖； 3. 个人月度提案件数优胜奖； 4. 其他特别指定的奖项			
四、微创新提案评分、定级及奖金标准 1. 提案评分、定级及奖金标准 评分办法略（详见本章第三节表 3-6）。 定级和奖金标准略（详见本章第三节表 3-9）。 2. 部门月度人均提案件数奖 当月部门人均微创新提案件数最多的部门获奖，奖励金额为 300 元。 3. 个人月度提案件数优胜奖 当月个人微创新提案件数最多者获得奖励，奖励金额为 150 元。 4. 其他特别指定的奖项 其他特别指定的奖项由改善推进办公室提出方案，经委员会批准后实施奖励			
五、提案格式 员工微创新提案活动采用企业统一的提案表格（详见本章第三节表 3-3 和表 3-4）			
六、提案提交及处理流程 略（详见本章第三节图 3-4）			
七、提案资料的记录和保存 提案原件由各所属部门编号保存，推进部门保存三级以上提案的复印件并进行登录管理			
八、本标准的生效 本标准经改善委员会主任签字后生效			
	时间	修订理由	签字
制定	2020 年 8 月 1 日		
修订 1			
修订 2			

（二）优秀改善案例

以下是我在辅导企业过程中接触到的一些有代表性的微创新提案事例。微创新提案的实物照片如图 3-12 所示。出于为客户保密的考虑，本节中的事例采用了简化处理的手法进行描述。

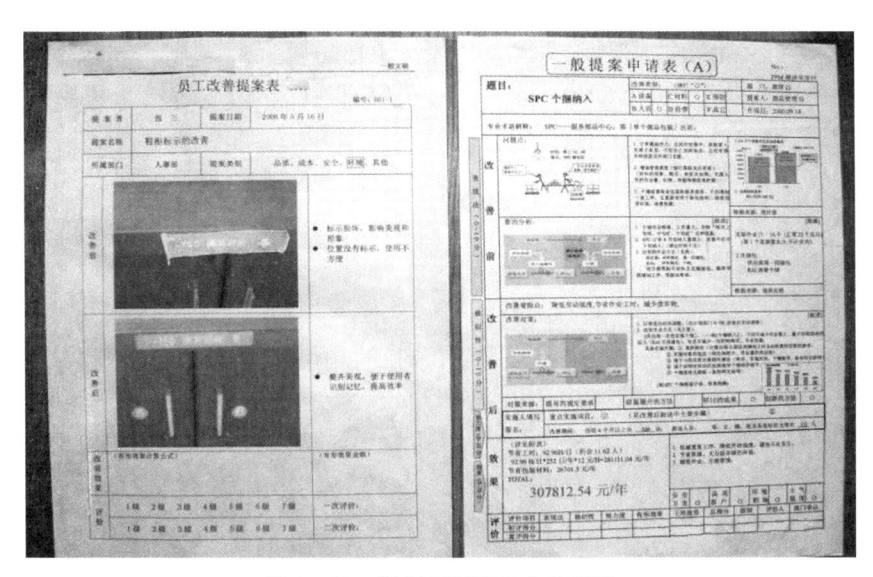

图 3-12　微创新提案的实物照片

线脚剪切作业改善如表 3-23 所示。

表 3-23　线脚剪切作业改善

姓名	张××	部门	生产部门
课题	线脚剪切作业改善		

改善前	（问题点） 现状： PCB 板过焊之后，需要剪去线脚。剪下的线脚会不规则飞散，有时飞入产品，造成产品不良反应
改善后	（改善方案） 改善的方案： 做一个防护容器，让剪切作业在容器内完成。剪下的线脚不会飞散，而集聚在容器内
改善效果	□已实施 1. 有形效果： 提高品质，具体没有核算。 2. 无形效果： 没有线脚飞散，环境整洁

评价	1级	2级	3级	4级	5级	6级	初评	认可

打印机色带重复利用改善如表 3-24 所示。

表 3-24　打印机色带重复利用改善

姓名	张××	部门	生产部门
课题	色带重复利用的改善		
改善前	（问题点） 现状： 生产用色带打印之后废弃，每年使用 600 个，费用 =600×500=30 万元		
改善后	（改善方案） 改善的方案： 色带打印一次之后，可以翻过来再用一次，一个当两个用		
改善效果	□已实施 1. 有形效果：每年节省金额 =300×500=15 万元。 2. 无形效果：废弃物减少一半		
评价	1级 | 2级 | 3级 | 4级 | 5级 | 6级 | 初评 | 认可		

标贴张贴效率改善如表 3-25 所示。

表 3-25　标贴张贴效率改善

姓名	陈××	部门	物流部门
课题	标贴张贴效率的改善			

改善前	（问题点）	1. 卡板上摆放着 4 台 80 千克重的机器。 2. 物流部要在每台机器上贴上标贴后出货。 3. 因摆放不规范，需搬动机器，使张贴面朝外，费力费时
改善后	（改善方案）	1. 建议制造部门生产后在卡板上按规则摆放机器，使得 4 台机器的张贴面都朝外。 2. 物流部无须挪动任何一台机器，贴上标贴后安排出货
改善效果	□已实施 1. 有形效果：提高了作业效率，每个卡板平均节省作业时间 10 分钟，每年节省作业费用 2.8 万元。 2. 无形效果：减轻了作业者的作业负担	

评价	1级	2级	3级	4级	5级	6级	初评	认可

节能降耗改善如表 3-26 所示。

表 3-26 节能降耗改善

姓名	王××		部门	设备部门				
课题	\multicolumn{8}{c}{节能降耗改善}
改善前	（问题点） □□ □□ □□ □□ □□ □□ □□ □□ □□ □□ □□ □□ □□ □□ □□ □□	\multicolumn{7}{l}{一个大的区域只设一个开关，只要有一台机器工作，这些灯会全开，造成能源浪费}
改善后	（改善方案） □□│□□│□□│□□ □□│□□│□□│□□ □□│□□│□□│□□ □□│□□│□□│□□	\multicolumn{7}{l}{将区域细分成若干部分，局部的人员或机器工作时，只开对应的灯}
改善效果	\multicolumn{8}{l}{□已实施，可推广 1. 有形效果：节省电源，节省电费。 2. 无形效果：节能改善还有益于环保，培养员工环保意识}
评价	1级	2级	3级	4级	5级	6级	初评	认可

调色作业效率改善如表 3-27 所示。

表 3-27 调色作业效率改善

姓名	李××	部门	打样部
课题	\multicolumn{3}{c}{调色作业效率改善}

改善前	（问题点） 调色板	1. 人工调色通常需要 8～12 次才能成功。调色板只有两个网眼，一次成功调色需要冲洗 4～5 次调色板。 2. 效率低、溶剂浪费大
改善后	\multicolumn{2}{l}{（改善方案） 新调色板 新调色板有 12 个网眼。使用新调色板，一次成功调色只须清洗一次}
改善效果	\multicolumn{2}{l}{□已实施 □可推广 改善效果： 1. 省去了清洗调色板的时间，可提高 20% 作业效率。 2. 每次清洗用溶剂 30 克，经估算每年节约溶剂 ×× 吨，合 5 万元。 3. 有利于提高员工调色技术}

评价	1级	2级	3级	4级	5级	6级	初评	认可

CHAPTER 4

绩效大课题
管理活动

寓言故事：绩效考核不等于绩效管理

有一则现代管理寓言，讲的是某短跑运动员成功之后，专家学者们从不同角度进行研究，并提出了各种"成功"学说。

有专家说，经过对该运动员身材的分析，发现他具备了短跑运动员的最优秀条件，上、下身的比例，大腿、小腿及脚板的尺寸等都正好合适。要想培养出第二个他，就必须从选人开始，专家以他为样板做了一个"能力素质模型"，只要找到了合适的人就能成功。

又有专家发现，对该运动员的所向披靡起到关键作用的是卓越的计时方法，有专家开发出了一套"雷达测速法"。这套方法不仅能精确测定运动员的速度（误差在0.01秒以内），还能在其他跑步者接近的时候进行有效辨识，保障公平。专家们认为，运用这套方法将极大地提高中国各短跑运动队的积极性和能力水平。

一时间，各运动队纷纷花钱引进这套"雷达测速法"，可是用了一两年之后，发现成绩并没有明显提高。运动队管理者们开始议论纷纷，至今还没有搞清楚问题在哪。

有些企业也面临相同的问题：为什么在绩效考核上花费了巨大的精力，经营绩效提升方面却收效甚微。

国内某著名管理学院通过问卷调查发现，中国企业管理者的关注点集中在绩效管理上。这个结论本身并不存在问题，问题是许多管理者,包括一些专家学者错误地以为绩效管理就是绩效考核,把绩效管理异化(简化)为绩效考核,把经营绩效提升的愿望寄托在绩效考核上。

将绩效管理简化为绩效考核的企业大多采用以下管理模式。

① 年初决定目标(数字分解),或者由部门负责人签订目标责任书。

② 年底评价绩效,并根据评价结果决定奖罚。

这样做绩效管理,对经营绩效提升的帮助相当有限。这与上面寓言中的情况十分相似,无论测速人如何努力、测速方法如何改进,选手的成绩也不会轻易提高。要想提高选手的比赛成绩,在于是否有优秀教练采用各种有效的方法激发选手的热情,并进行严格甚至是残酷的训练(**绩效经营**),选手也需要开动脑筋,对训练过程中发现的问题及时进行改善(**绩效改善**)。

可见,企业绩效管理的重点不是绩效考核,而是绩效经营和绩效改善。

一、用绩效大课题管理活动来提升经营效益

绩效大课题管理活动是实现企业经营目标的重要手段，是企业方针目标管理的有效补充，积极运营这项活动可以为企业带来巨大效益。绩效大课题管理活动提升经营绩效如图 4-1 所示。

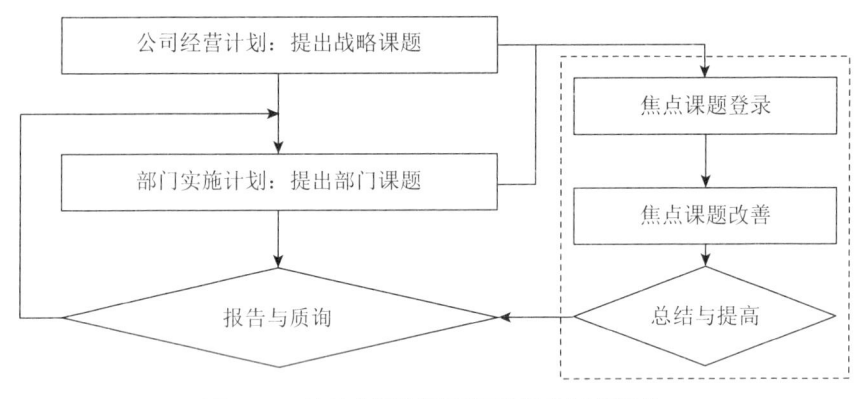

图 4-1 绩效大课题管理活动提升经营绩效

（一）目标指引下的绩效大课题管理活动

1. 聚焦管理重点，定义绩效大课题

管理重点是企业目前最关注的问题，通常从以下三个方面理解。

①经营者最关注的事项。

②企业发展所面临的瓶颈。

③客户关注和要求的事项。

所有的管理重点都可以转化为全面精益改善活动中的绩效大课题。

2. 目标指引下的绩效大课题改善

为了提升企业经营效益，卓越企业的经营者通常会运用方针目标管理方法来开展以下经营管理活动。

①发掘组织使命，形成企业基本经营方针。

②确立企业发展中、长期目标。

③层级分解，确立半年或年度主要目标和重点课题。

④共同协调、商定部门具体目标。

⑤上下协同商讨实现目标的方案及措施。

⑥实施跟进与结果反馈。

⑦基于绩效的评价与反省。

这是企业内自上而下的核心管理活动，对企业绩效大课题管理活动起着重要的推动作用，企业上下会在目标的指引下开展改善工作。如果企业员工缺乏良好的训练，解决问题的意识和能力不足，或者不清楚解决问题的工具和方法，那么就会承受巨大压力，绩效大课题得不到有效解决，绩效提升就没有了保障。

因此，开展目标指引下的绩效大课题管理活动，可以保障企业重点问题的有效解决，并有效保障经营效益的持续提升。

3. 绩效大课题改善的内容

所有直接或间接地改善企业经营管理（开发、设计、生产、销售）过程中 Q（品质）、C（成本）、D（交货期）、S（安全）、M（员工精神面貌）的活动，我们称之为绩效大课题管理活动。

从经营的高度出发，绩效大课题管理活动有以下几类主要课题（见表 4-1）。

表 4-1 绩效大课题管理活动的主要课题

改善活动类别	主要改善课题
1. 经营效益改善	销售提升
	利润提升
	利润率提升
2. 品质改善	慢性不良低减
	检查效率改善
	供应商质量改善
3. 生产效率和成本改善	设备效率改善
	生产效率改善
	材料等投入损耗低减
	失败成本降低
4. 交货期及周期改善	计划达成率改善
	生产周期缩短
5. 安全、卫生及环境改善	垃圾分类处理和资源再利用
	节能降耗活动
	事故、灾害扑灭活动
6. 初期管理改善	产品的初期管理
	设备的初期管理
	设计及导入周期缩短
7. 间接部门的效率改善	购买周期短缩
	零部件、产成品库存低减
	事务效率提高
	消耗品低减
	管理费用低减

由于绩效大课题管理活动的具体办法会有些相似，考虑到篇幅的限制，下面就主要课题改善的内容作一些概要性的说明。

（二）生产效率改善

生产效率改善就是将投入（人、材料、设备、能源等）控制在最少，并获取最大产出量的过程，最大限度地提高生产过程的附加价值，降低生产成本。

为了达成以上目的（增加产出量和降低成本），需要从产品的质量和数量等方面着手进行改善，具体措施有以下三项。

①改善设备效率。

②提高劳动生产率。

③降低生产过程中各类消耗（品质、材料、工具、能源等）。

（三）质量改善活动

质量改善活动有以下几个大课题需要研究对策。

1.产品质量改善活动

TPM中质量改善活动的目标是不断追求零不良品，即降低不良率。

有效开展质量改善活动需要做好以下五个方面的工作。

（1）条件设定。

生产过程中避免产生不良品的条件设定。

（2）条件确认。

依据规定的时间要求对设定的条件进行确认。

（3）预知不良品发生。

观测设定条件基准值的变动情况，预知不良品产生的可能性。

（4）控制基准值。

通过将设定条件的基准值维持在合理范围内，达到预防不良品产生的目的。

（5）预防对策。

在问题发生之前采取对策。

质量改善活动的成功做法有很多，如品质预测改善活动，即在产品投产之前分析所有生产工序中需要保障的（良品）特性值与4M（Men、Machine、Material、Method）——人、机器、材料、方法之间的关系，预测可能对产品质量造成不良影响的要素，并事先采取有效措施（防呆、纠错、提示、警告、检查等方法），防止生产过程中发生品质问题。

2. 检查效率的改善

产品的质量是通过严格的生产控制过程创造出来的，不是检查出来的。由于生产商对生产制造过程缺乏信心，为防止不良品流入下一道工序或流出工厂，才追加了（甚至不断追加）各种检查或测试。检查工作本身就是一种浪费，怎样减少过多的检查和测试是这个活动需要不断研究和解决的课题。

3. 供应商质量改善支援活动

供应商的零部件生产是产品生产链中的重要环节，提升供应商的质量管理水平是提高产品质量的重要一环。一些大企业正在付诸实践并在提高零部件质量和降低生产成本上取得了成功。

帮助供应商改善零部件质量，是有效提高检查效率的方法之一。

（四）安全、卫生及环境改善

追求作业环境改善和灾害、事故为零是这方面改善活动的主要目的。如今的企业除了改善设备的运行条件和员工的工作环境，还要持续改善企业和员工的环境行为，减轻企业经营过程中对地球产生的环境负荷。

1. 事故、灾害扑灭活动

安全管理是保障正常生产活动的基础。

在所有的生产系统中都或多或少地隐藏着引发事故、灾害的因素，而事故、灾害往往都是一些不起眼的问题积累而成的产物。事故、灾害发生的机理如图4-2所示，理解它可以帮助企业更好地开展事故、灾害扑灭活动。

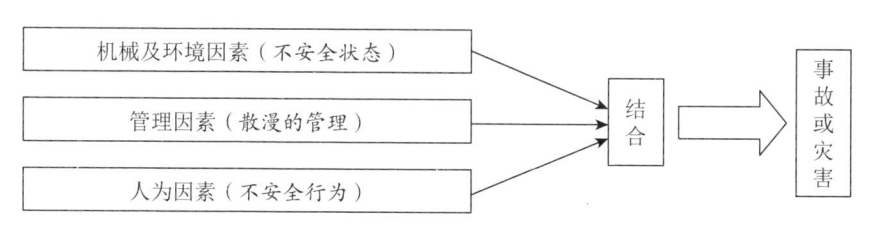

图4-2 事故、灾害发生的机理

扑灭活动包括建立预防事故、灾害产生的机构（在设备或场所设置报警、提示及纠错装置等），禁止不安全作业（行为），并通过建立有效的监督检查机制（管理），将事故、灾害控制为零。

2. 环境改善活动

环境改善活动主要包括两大方面。

①生产、工作环境的改善。通过员工自己动手，创造整洁有

序、温馨明快的环境。这项活动与自主管理的目标是一致的。

②预防污染、节省能源、减少废弃物、资源再利用等。例如"创建零垃圾工厂"活动就能以绩效大课题管理的形式来推进。

环境改善活动已经成为企业和市民实现社会价值的重要课题。为了进一步减轻生产经营活动给地球带来的环境负荷，一项以"创建零垃圾工厂"为目标的环境改善活动正在受到世人的推崇和关注。

（五）初期管理体制的建立

21世纪的经营环境正在发生巨大的变化，顾客和市场需求的多样化进一步发展，产品的小批量、多品种化及产品寿命的缩短，都对初期管理活动提出了新的要求。

初期管理的主要目的是通过对设计、开发及生产工艺设定过程进行改善，建立高效的初期管理系统，从以下三个方面改善企业的经营体制。

1. 产品设计的初期管理

产品设计的初期管理是指实现易于制造又不易产生不良品的设计过程。初期管理的重要内容是如何将顾客的需求（使用的方便性需求）和生产现场的问题（生产的方便性和质量保证上的需求）反映到设计工作中。

2. 设计、开发及生产技术的初期管理

设计、开发及生产技术的初期管理指的是通过生产技术革

新，缩短从产品开发、设计到批量生产的时间，达成新产品的垂直导入（即在极短的时间内完成新产品的试验，并快速开始批量生产的活动），减少机会损失。

3. 设备的保全预防设计

设备初期管理的重点是对设备进行保全预防设计，使设备便于在使用中保养维护。

另一方面，设备初期管理还包括设备整个生命周期成本最低的分析与评价。

（六）间接部门效率改善

间接部门是指不直接参与生产活动的部门，间接部门的效率改善活动可以参考生产部门进行。

间接部门改善活动的目的主要有以下两个。

①追求间接业务的效率化，充分发挥赋予各部门的组织机能。

②培养具备维持和改善业务效率化体制的人才。

培养间接部门人才就是提升员工信息收集、消化处理的能力及相关的业务能力，培养多面手。

而业务体制改善主要从两方面着手：一方面是减少投入的各类事务损耗，创造高依赖度、低成本的事务体制；另一方面是消除阻碍生产系统效率化的因素，充实和强化业务机能。

间接部门的改善活动还包括员工微创新提案活动和自主保全活动，这些活动应该和现场的活动同步进行。

二、课题的定义与成果评价

对于企业正面临的课题，经营者或管理者必须要有清醒的认识，不同时期企业需要解决的问题也可能是不同的。

寻找和定义课题的方法有很多，企业不仅可以从管理及目标体系中找出课题，还可以从日常管理的问题中找出课题。课题是大量存在于企业中的，不要因为有众多的课题而束手无策，要根据经营和管理的需要，以及对现场、现物的实际分析来确定改善的重点，找准改善的对象，开展有效的改善活动。好课题的定义如表 4-2 所示。

表 4-2 好课题的定义

定义好课题可以做到事半功倍	
好课题的特点	好课题的意义
1. 目标清晰合理，可量化	1. 有积极的导向作用
2. 与企业经营密切相关	2. 能提升企业经营绩效
3. 期望的改善效果大	3. 成员可以体验成就感
4. 难易度与成员能力相当	4. 有利于成员意识和能力提升
5. 周期在 3～6 个月之间	5. 值得企业其他成员效仿
课题的好坏直接关系到改善的成败和效果，所以定义课题的时候建议与相关方，特别是与上级领导进行充分的交流	

（一）从管理体系看管理问题

企业的经营管理活动是一项复杂的系统工程，管理活动结构如图4-3所示。在经营管理活动中主要涉及两方面的管理：一方面是资源（即投入）的管理，另一方面是过程及产出的管理。

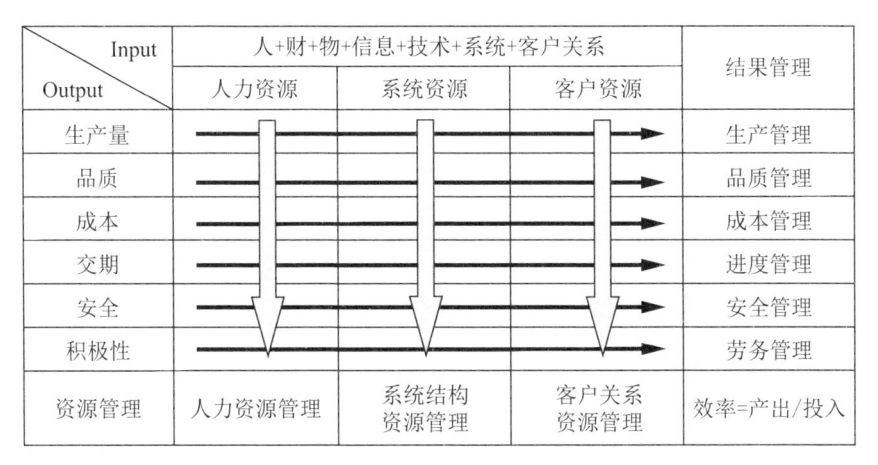

Input / Output	人+财+物+信息+技术+系统+客户关系			结果管理
	人力资源	系统资源	客户资源	
生产量	→	↓	→	生产管理
品质	→	↓	→	品质管理
成本	→	↓	→	成本管理
交期	→	↓	→	进度管理
安全	→	↓	→	安全管理
积极性	→	↓	→	劳务管理
资源管理	人力资源管理	系统结构资源管理	客户关系资源管理	效率=产出/投入

图4-3　管理活动结构

如图4-3所示，所有的管理都可以分为投入管理、过程管理和产出管理等类型，这些管理的最终目标都是使最后的产出与投入比（效率）最大化。主要管理活动如表4-3所示。

表 4-3 主要管理活动

管理科目		主要内容
资源管理类	人力资源管理	员工的考核、选拔、聘用，员工的培训、任用、评价
	物料管理	物料购买管理及存量管理
	财务管理	预算管理，成本核算和控制
	设备管理	设备完好状态的保持，设备投资的评价和控制
	客户资源管理	客户服务，客户满意度
	系统资源管理	各类管理系统的维护和改善
过程及产出管理类	生产管理 P	生产计划控制，对客户承诺生产量的管理
	质量管理 Q	投入和产出质量的控制，工作过程质量的控制
	交货期管理 D	对客户承诺交货期的控制，工作过程中交货期的管理
	成本管理 C	生产成本的控制，管理和销售成本的控制
	员工管理 M	劳务（福利待遇纪律）管理，员工士气管理
	安全环境管理 S	安全卫生管理，企业、员工环境行为管理
流程管理类	流程时间管理	作业周期管理，作业、物品交货期管理
	流程价值管理	浪费控制和管理

（二）从倾听和工作结果中发现问题（见表 4-4）

表 4-4　从倾听和工作结果中发现问题

	方法	要点
从倾听中发现问题	通过与上司沟通、交谈发现问题	指出工作中的问题及上司对解决问题效果的期待； 通过确认上司对问题的看法，理解自身责任的大小
	发现工作以外的问题	可以让员工就共同关心的问题发表看法； 可以自由发言，锻炼员工的表达能力，体会沟通的乐趣
	头脑风暴	不加限制地提出尽可能多的问题； 对类似问题进行分类
从结果中发现问题	从数据中发现问题	在日常管理活动中注意保留必要的管理数据（推移图等）； 从推移图中的异常变动（过高、过低等）中发现问题
	从前后工序的投诉或要求中发现问题	虚心听取前后工序的投诉或要求； 分析投诉或要求的原因，并从中发现存在的问题
	从上一次活动结果的反省中发现问题	某一个课题结束，并不意味着所有问题都得到了有效的解决； 残留的问题及改善引起的副作用都是值得反省和需要改善的

（三）从目标入手发现问题（见表 4-5）

表 4-5　从目标入手发现问题

	方法	要点
从目标入手发现问题	质量的维持和改善（Quality）	减少工序内不良品
		减少人为错误
		减少品质异常
		减少工序或客户投诉
		减少装配不良问题
		改善作业指导书
		改善质量保障工序能力
		防止问题再发生
		减少初期不良品
	成本的减低（Cost）	削减经费
		低减材料、零部件损耗
		降低购买单价
		缩短作业时间
		人员削减
		提高设备效率、利用率
		减少不良品和修理时间
		提高材料利用率
	生产量和交货期改善（Delivery）	增加单位时间生产量
		严守交货期
		减低库存量
		提高在库管理精度
		改善场所布局
		改善生产计划的进度管理
		改善迟交货问题
		减少停线时间
	改善员工精神面貌（Moral）	美化环境
		提高员工提案参与率
		人员的合理配置
		培养员工的问题意识、品质意识
		加强团队建设
		提升个人能力
		建设有活力的工作现场
	安全的保障（Safety）	保障工作场所的安全
		减少灾害、事故
		消除一切安全隐患
		加强整理、整顿
		加强安全管理

（四）从 4M 入手发现问题（见表 4-6）

表 4-6　从 4M 入手发现问题

	方法	要点
与 4M 相关的问题	机械和工夹具（Machine）	特性和稳定性问题
		点检保全工作的不足
		故障的发现和处置
		5S 活动水平
		工夹具交换时间的把握
		工夹具的改善
	材料、零部件和产品（Material）	特性值及保管状态
		规格的符合性
		品质保证
		不良品的处置
		材料、零部件供应商的变动
		材料、零部件批量管理
	测量、检查和工作方法（Method）	测量器具特性值管理
		测量误差
		测量方法的管理
		作业标准的维护
		作业标准的改善
		作业环境的整备
	作业员工（Man）	作业者的经验、技能
		工作分配的合理性
		作业者的健康状态
		作业者的品质意识
		作业者的工作态度

（五）从部门损益表中发现问题（见表 4-7）

表 4-7 从部门月度损益表中发现问题

生产部门收支情况（单位：元）	金额占比		备注说明
名义销售 1	2,000,000	50.00%	
名义销售 2	2,000,000	50.00%	
部门销售总额 A	4,000,000	100.00%	
材料成本 1	1,500,000	42.86%	
材料成本 2	1,000,000	28.57%	材料 2 用量异常
×× 费用	500,000	14.28%	×× 费用占比升高
×× 费用	300,000	8.57%	
电费	80,000	2.29%	
水费	70,000	2.00%	
其他（不含人工）	50,000	1.43%	
支出总额 B	3,500,000	100.00%	
附加值 A-B	500,000	/	
月总工时	10,000	/	按实际发生计算
单位工时附加价值	50	/	

（六）决定课题的优先顺序

企业在找出问题点之后，要对问题进行分类整理，并决定解决问题的先后顺序。通常企业可以根据问题的重要性、紧迫性、可行性和期待效果等来决定课题的优先顺序（见表 4-8）。

表 4-8　决定课题优先顺序示例

课题 \ 评价	评价项目（5 分制）				得分	顺序
	重要性	紧迫性	可行性	期待效果		
1. D 产品品质改善	4	4	2	3	13	2
2. A 线生产效率提升	5	4	4	4	17	1
3. F 区物流效率改善	3	3	3	2	11	3

企业在选择课题的时候，还应该注意以下几点。

1. 选择课题时要注重实效

与其选择一些看似很重要但问题模糊不清的课题，倒不如选择一些较小的但是有紧迫性和实际意义的课题，这样做的好处是显而易见的，能取得更有效的改善成果，更好地服务于企业的经营活动，使参与员工体验改善的成就感。

2. 选择的课题难度要与改善的能力相适应

选择的课题太难的话，很难求得问题的解决，容易伤害参与员工的自信心。选择的课题太容易，则不能激起参与员工的改善热情，员工能力不能得到有效提升。

3.课题的大小和改善时间的长度要适中

要尽量避免选择需要很长时间才能见效的课题，特别是在改善活动的初期，这样的课题不利于培养员工参与改善的积极性。选择 1～3 个月就可以见效的课题较为合适，最长不要超过半年。企业某些重要的经营课题不在此讨论之列。

在改善活动的不同时期，选择课题时需要考虑的因素会有些不同。不同时期选择课题的要点如表 4-9 所示。

表 4-9　不同时期选择课题的要点

改善活动的初期	具备一定改善实力之后
1. 员工身边的小问题； 2. 比较有共性的问题； 3. 具体而简单的问题； 4. 短时间容易见效的问题； 5. 注重改善手法的学习，体验改善的乐趣，而不要过于追求效果	1. 在较大的问题中选择课题； 2. 比较个性化的问题； 3. 效果大的问题； 4. 追求绩效大课题管理活动对企业方针和经营目标的贡献

（七）改善成果评价与指标体系构建

1.改善课题与部门的关系

在企业经营方针或经营计划中会对经营目标有所阐述，在研究企业方针和计划的基础上可以大致了解企业的重要课题。

绩效大课题管理活动可以贯穿企业管理的所有方面，特别是与企业经营管理直接相关或直接影响企业竞争力的课题是这项改善活动的重要部分。

绩效大课题管理活动涉及企业内所有部门，为了集中（人力、物力）资源解决最重要的问题，企业可以根据某一阶段的需要来决定改善的主攻目标和开展改善活动的优先顺序。

改善课题通常都是跨部门存在的，改善课题与各职能部门之间的关系如表 4-10 所示。

表 4-10 改善课题与各职能部门的关系

项目＼部门	设计和技术	销售	制造	检查	间接
效益改善	◎	◎	○	○	○
生产效率改善	□	□	◎	□	□
品质改善	○	□	○	◎	□
安全、卫生及环境改善	○	○	○	○	◎
初期管理改善	◎	○	◎	□	□
间接部门效率改善	□	○	□	○	◎

注：1. ◎课题主导部门；○课题相关部门；□相关性不大的部门。
　　2. 间接部门是指那些不直接创造产品价值的部门，如人事、行政、总务、计划、采购、财务等

改善课题都是一些与企业经营活动、事业计划密切相关的内容。改善课题与事业计划既有关联又有区别，前者是对后者的一种承接。

事业计划主要是指经营者对企业未来经营活动的规划，比如新产品的开发、营销渠道的建立、设备的投资及管理和系统的导入等。改善课题是指通过改进工作方法来改善企业经营业绩的内容，如提高效率、降低成本、节能降耗等。

因为一些大的课题是跨部门的，所以用指标分解的形式来界

定不同部门的改善效果就显得十分重要。

2. 改善成果指标体系化

绩效大课题管理活动与企业经营效益密切相关，重点是有效把握效益改善活动对经营效益的影响，并建立一套清晰量化的改善成果指标体系。这套体系能很好地评价课题改善的成果，企业可以通过这个指标体系指导和安排进一步的活动计划和目标。

降低生产制造成本活动的成果指标体系如图4-4所示。

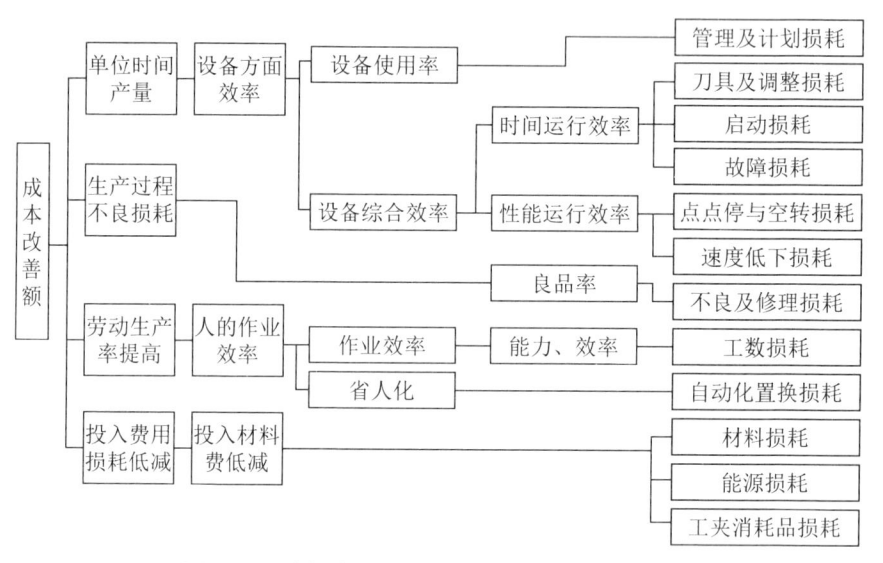

图4-4 降低生产制造成本活动的成果指标体系

运用这个指标体系图，一方面可以对持续开展的改善活动进行规划，将大目标细化为各个小指标，并决定具体项目的负责人和推进计划；另一方面可以具体评价某一项课题对达成整个目标的贡献度。任何一项大的改善课题都可以建立如图4-4所示的指标体系图，用它来指导、计划和评价改善活动及活动的成果。

三、绩效大课题改善的 PDCA 方法

标准化与改善是管理活动的两个方面，不得偏废。企业经营管理者要充分认识 PDCA 与 SDCA 这两个循环及相互关系，并在实践中学会运营这两大机制，持续提升企业管理水平。PDCA 与 SDCA 管理循环如图 4-5 所示。

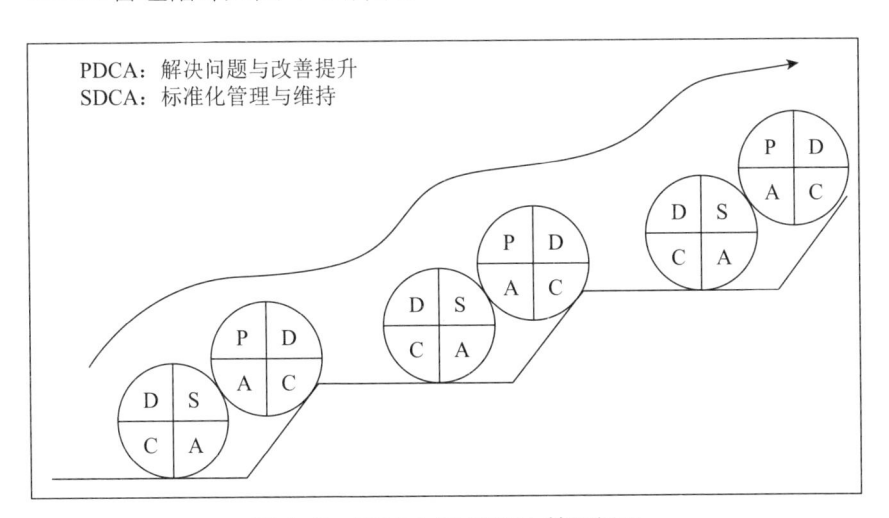

图 4-5　PDCA 与 SDCA 管理循环

（一）PDCA 与 SDCA 管理循环

在管理活动中，PDCA 与 SDCA 是两个经典的管理循环。了

解这两个管理循环,可以帮助企业深层次地认识改善活动及标准化工作在管理活动中的重要性。

1. PDCA 循环(改善提升)

PDCA 是一个管理循环(见图 4-6),是持续改善过程中需要遵循的原则,只有不断运行这个循环,管理水平才能得到持续的提高。

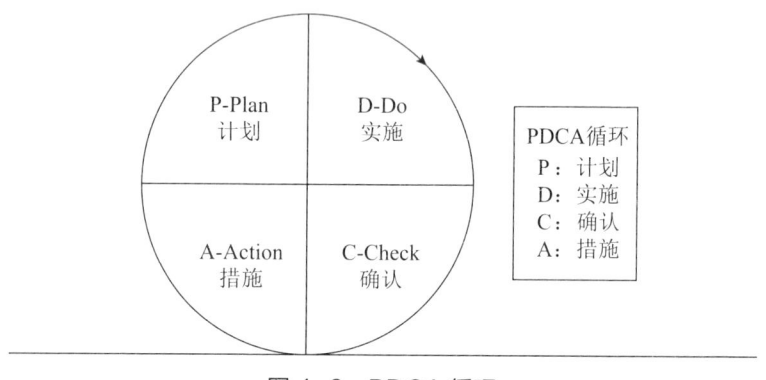

图 4-6 PDCA 循环

2. SDCA 循环(标准化维持)

SDCA 循环是一个标准化维持的过程(见图 4-7),要使管理或改善的结果维持在一个较高的水平,就必须对工作过程进行标准化管理。

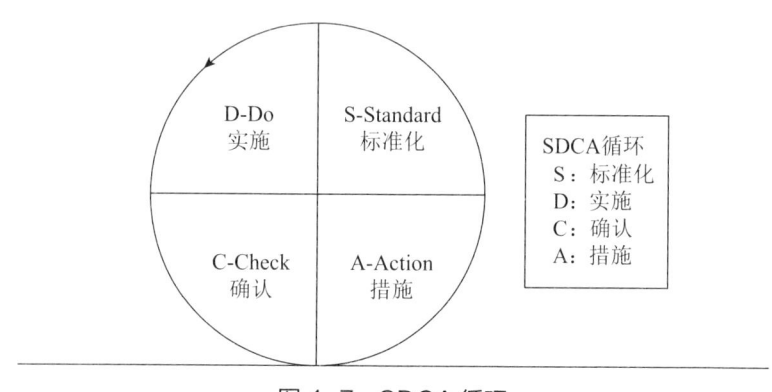

图 4-7 SDCA 循环

3. 改善提高与标准化维持之间的关系

PDCA 循环和 SDCA 循环是管理活动中相辅相成的两个方面，它们之间的关系如图 4-8 所示。如果忽视了 SDCA 循环（维持和标准化管理），PDCA 循环（改善提升）的成果将得不到有效的坚持，原来的问题有可能再度发生。相反，如果没有 PDCA 循环，SDCA 循环就只能维持现有的管理水平，无法提升。

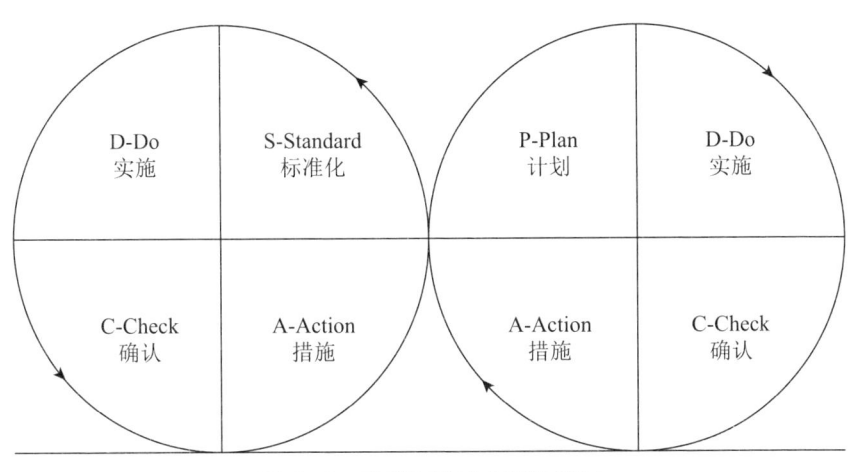

图 4-8　改善和维持之间的关系

因此，在企业内有效建立和运行这两套机制是改善企业竞争力水平的关键。

（二）解决问题八步法

PDCA 循环可以分解成解决问题的八个步骤（见图 4-9）。这八个步骤是企业解决问题和改善活动的基本程序，只要能严格依据这个程序去解决问题或开展改善活动，就能取得良好的效果。

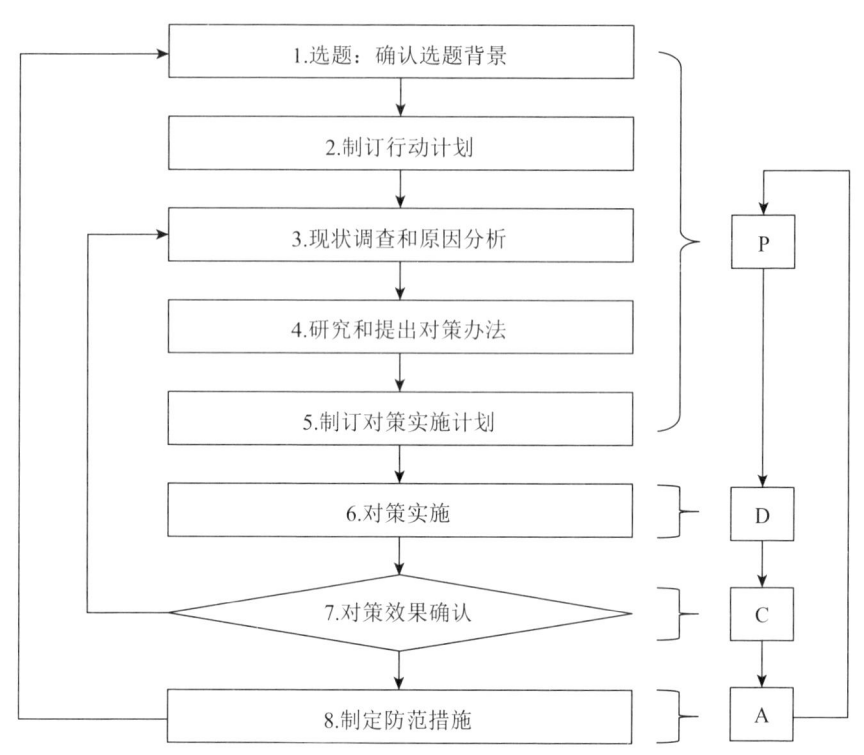

图 4-9 PDCA 循环的分解

PDCA 循环八步骤的具体内容如表 4-11 所示。

表 4-11 PDCA 循环八步骤的具体内容

步骤		项目	具体内容
步骤一	P	选题：确认选题背景	从问题中选择希望解决及那些迫切需要解决的问题； 明确解决问题的目的
步骤二		制订行动计划	制订活动大计划； 确定推进负责人和活动成员； 确定适当的活动目标，有时候需要在步骤三或步骤四中提出； 设定的目标既要现实可行，又要有挑战性
步骤三		现状调查和原因分析	选择与课题目的相关的特性值； 记录和调查特性值的表现形式； 根据分析提出引起特性值变动的原因； 识别那些与特性值变动相关性较高的原因
步骤四		研究和提出对策办法	针对主要原因，提出具体的改善方案
步骤五		制订对策实施计划	制订改善实施计划； 确定具体实施责任人
步骤六	D	对策实施	实施对策方案
步骤七	C	对策效果确认	对策效果的确认
步骤八	A	制定防范措施	制定防范措施； 制定或修订标准

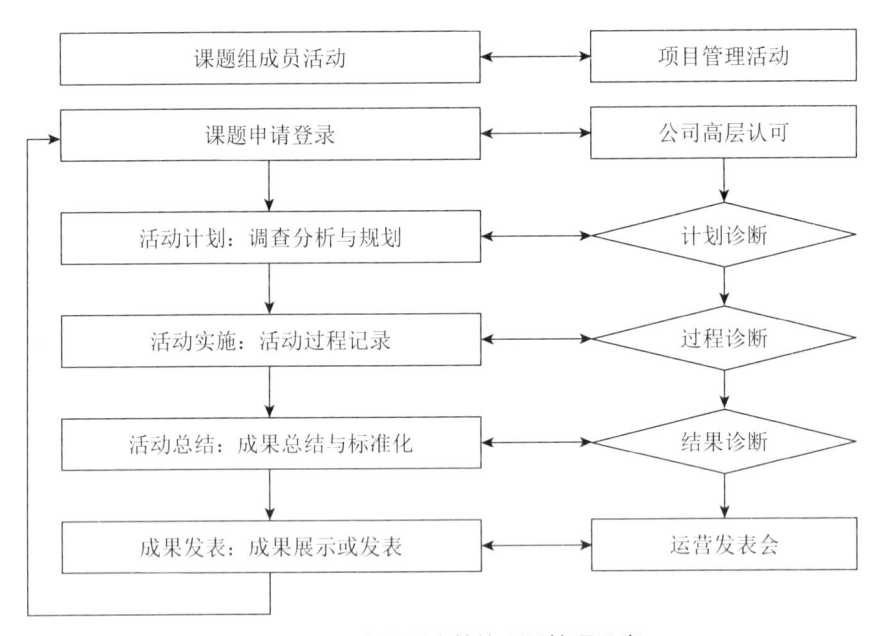

四、大课题改善的项目管理

大课题改善的项目管理示意如图 4-10 所示。

```
课题组成员活动  ←→  项目管理活动

课题申请登录   ←→  公司高层认可
     ↓                    ↓
活动计划：调查分析与规划  ←→  计划诊断
     ↓                    ↓
活动实施：活动过程记录   ←→  过程诊断
     ↓                    ↓
活动总结：成果总结与标准化 ←→ 结果诊断
     ↓                    ↓
成果发表：成果展示或发表  ←→  运营发表会
```

图 4-10 大课题改善的项目管理示意

项目管理的核心任务是定期的诊断。

企业要想有效推进绩效大课题管理活动，由推进办成员协同内部或外部专家主导的项目管理活动相当关键。

（一）大课题改善的项目管理

1. 大课题改善项目管理的基本程序

推进绩效大课题管理活动，先要对企业及部门的现状进行认真的分析和把握，然后在此基础上开展活动。绩效大课题管理活动的主要内容如表 4-12 所示。

表 4-12　绩效大课题管理活动的主要内容

No.	内容
1	制作企业或部门的损耗构造图，确定各个损耗项目的内容并给予具体的定义
2	根据损耗项目的定义，整理现有各种有关损耗的记录数据（很多情况下是没有记录的），这时重要的是安排人员对生产活动中各种浪费的数额及引起的原因进行记录
3	具体分析过去的记录数据（损耗的数额、金额及造成损耗的原因或现象），并根据损耗项目决定改善的课题，进行课题申报和登录
4	针对每一个已登录的改善课题，具体指派课题推进的负责人和参与者组成课题组，约定活动的目标和计划
5	由课题组负责人召集组员研究课题的具体推进，决定具体的活动方法、活动目标、活动计划、活动进度等
6	由课题组组员研究问题发生的原因及制订对策和方案
7	实施对策，并定期跟进活动和管理进度
8	总结结果和召集发表会

2. 大课题改善的项目管理

要想让课题改善真正为企业经营服务，就必须开展有效的项目管理。

项目管理要求改善推进办成员协同内部或外部专家，对各个课题组的改善活动展开不间断的诊断和跟进服务，及时辅导课题组成员分析和解决问题，并为有效实施进行必要的培训。大课题改善项目管理内容和目的如表4-13所示。

表4-13 大课题改善项目管理内容和目的

诊断和跟进内容	目的或作用
申报认可	由企业领导对部门提出的课题申请进行签字认可，增强绩效大课题管理活动的使命感
计划诊断	由推进办成员或专家对项目组分析问题和提出改善方案的过程进行辅导，必要时进行培训或教授必要的分析工具
过程诊断	由推进办成员或专家对项目组成员具体实施改善的过程进行辅导，并根据要求对活动中的重要事物和数据等进行记录
结果诊断	改善措施实施完毕后，由推进办成员或专家辅导项目组成员进行改善成果的总结，必要时进行培训或教授成果总结和报告的具体手法
发表会	由推进办成员协同专家规划和召开焦点课题改善成果发表大会

只有聘请外部顾问或培养企业内部顾问，或者领导履行顾问的职责，才有可能使绩效大课题管理活动真正取得期望的成效。

某跨国企业绩效大课题管理活动运营方法如表4-14所示。

表 4-14　某跨国企业绩效大课题管理活动运营方法

改善活动运营方法
①推进责任：TPM 推进室设专职干事负责项目管理； ②课题登录：各部门每半年申报两个课题； ③部门责任：部门经理对项目负责，并由其授权项目组长具体负责项目的推进和实施； ④活动频度：每个课题每周报告一次实施状况，由内部或外部专家对项目进展状况实施诊断（跟进服务和指导）； ⑤报告会：每半年召开一次企业课题改善发表大会

（二）课题申报和登录管理

课题申报和登录管理要分两个或两个以上层面进行。首先是提出企业的重要经营课题，如降低生产成本、降低管理费用、减少客户投诉等。其次是根据经营课题的要求进行具体改善课题的申报和登录管理，包括宏观的或涉及两个以上部门的活动课题。大课题登录表范例如表 4-15 所示。

表 4-15　大课题登录表范例

课题	负责人	活动目标	达成时间
1. 提高设备运行效率改善	张	提高 35%	2013 年 6 月
2. 零部件库存低减	刘	在库时间从 15 日减至 8 日	2013 年 6 月
3. 垃圾分类和资源再利用	王	100% 分类达成再利用 95%	2013 年 6 月
4. 慢性不良率降低	陈	降低 50%	2013 年 6 月
……	……	……	……

最后是部门一级的课题登录,课题既可以是某个大课题下的分课题,又可以是本部门独有的课题。

为了让课题登录更有使命感,最好经企业总经理认可后登录备案,这样做可以变被动(上司或企业要我做)为主动(我要做)。

课题登录申请表如表4-16所示。

表4-16 课题登录申请表

				表格号:TPM003	
部门			课题组长		
小组成员					
课题名称		执行期限	年 月 日至 年 月 日		
课题分类	□效率□成本□品质 □安全□环境□士气	关联部门			
1.选题的背景		2.改善的目的			
3.课题的现状					
4.活动步骤	月	月	月	月	月
①课题的选择					
②制订行动计划					
③现状把握、原因分析					
④提出对策方案					
⑤⑥对策计划和实施					
⑦效果确认					
⑧总结和标准化					
⑨发表会					
5.期待效果(改善前填写)		6.改善效果(改善后填写)			
填写人	审核	部门承认	⇒	企业领导认可	

（三）课题的分级与课题任务的落实

有条件的企业，可以对大课题管理活动中的课题进行分级管理，具体分为一级课题、二级课题和三级课题或改善措施。一级课题、二级课题与三级课题之间存在着直接的关联，低一级课题的累积可以使高一级课题的目标渐次达成。

特别需要指出的是，之所以把课题说成"大课题"，目的在于强调它在不同层级管理者心目中的"大"，是改善工作的重点而已。大课题有时候又被称为焦点课题，它并不特指高层心中的焦点，也包括中层、基层心目中的焦点。

做好课题登录管理工作固然重要，更重要的是把企业和部门登录的课题落实到人。否则再好的课题管理也得不到期待的结果。要想进行有效的落实，重要的是将较大的课题分成难易度不同的几个部分，并结合员工的能力和专业进行分配。

分级课题落实示例如表 4-17 所示，从表中可以看出，只要小课题的目标能够达到，大课题的目标就达到了。

表 4-17 分级课题落实示例

一级课题	二级课题	三级课题或改善措施	改善担当
提高设备运行效率	减少异常停线时间	停线时间低减	某班组长
		故障时间低减	某主管
		不良品停线时间低减	某主管
	减少速度低下损耗	启动时速度低下改善	某技术小组
		品种切换速度低下改善	某科长
		个人差异速度低下改善	某科长
	减少计划及其他损耗	品种切换次数合理化改善	某计划科长
		新设备高效导入改善	某技术科长
		刀具寿命延长改善	某技术主管

（四）绩效大课题管理活动的计划

好的开始是成功的一半，没有好的活动计划，绩效大课题管理活动将停留在课题登录水平。每一个绩效大课题管理活动都要做一个详细的活动计划。改善计划制订流程如图 4-11 所示。

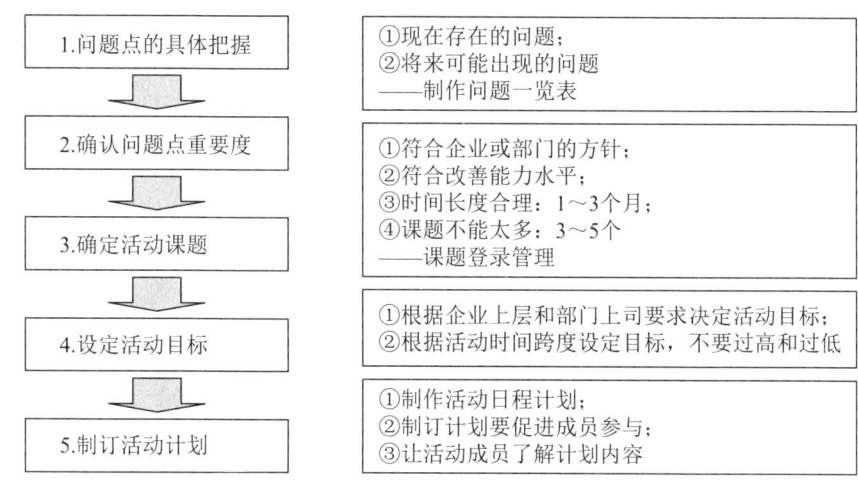

```
1.问题点的具体把握        ①现在存在的问题;
        ↓                ②将来可能出现的问题
                         ——制作问题一览表

2.确认问题点重要度        ①符合企业或部门的方针;
        ↓                ②符合改善能力水平;
                         ③时间长度合理:1~3个月;
3.确定活动课题            ④课题不能太多:3~5个
        ↓                ——课题登录管理

4.设定活动目标            ①根据企业上层和部门上司要求决定活动目标;
        ↓                ②根据活动时间跨度设定目标,不要过高和过低

5.制订活动计划            ①制作活动日程计划;
                         ②制订计划要促进成员参与;
                         ③让活动成员了解计划内容
```

图 4-11　改善计划制订流程

（五）绩效大课题管理活动的进度管理

进度管理有各种不同的模式，如定期确认会、揭示板的运用等，可以运用其中一种或将数种方法结合使用。

1. 定期确认会

在每周或每月一次的课题实施确认会上，由部门负责人向上一级领导或经营者汇报重点实施项目和改善课题的实施情况，再由与会人员对目标的达成、方法的妥当性、下一步计划等进行评估和沟通，并给予必要的指导，提供有效的支援。

报告部门事先应认真地进行书面总结，说明改善计划的实施状况、跟进指标的表现、遇到的困难、对前一段工作的反省及下一步的工作计划等。

要想使确认会卓有成效，最重要的是企业高层及专家要参与并提供专业指导。

2.课题揭示的形式

根据企业的情况可以采取其他有效的跟进办法，如将大的经营课题及其进展情况进行揭示，督促部门、课题组或个人按计划推进改善工作。

每个课题的推进都要经过一个过程，课题进度管理揭示板如表4-18所示。为了促进改善活动持续推进，最好对每个过程的实施和完成进行有效的跟踪。

表4-18 课题进度管理揭示板

课题进展 课题	负责人	课题定义	改善计划	现状分析	目标设定	改善方案	实施计划	方案实施	效果确认	总结发表
1.×××	张	○	○	○	○	○	○			
2.×××	王	○	○	○	○	○				
3.×××	程	○	○	○						
……										
注：○表示已通过确认完成的部分										

从表4-18可以看出，管理者对各个课题的进展情况了如指掌。企业高层对课题进展情况的持续关注是揭示板发挥作用的首要条件。

3.课题改善发表大会

在运营课题改善的实践中，我们发现课题改善发表大会是促进课题组开展工作的绝佳方法。事先给课题组准备好发表会舞台，是督促和激励员工参与改善的诀窍之一。

我的一位企业家朋友经营着一家有数千名员工的工厂和一个

近100人的文工团。他几乎把所有时间都用在了工厂上，但工厂管理却混乱不堪；他对文工团关照不多，文工团的管理却有条不紊，经常在市级和省级文艺会演中获得佳绩。问题到底出在哪里？我和他进行了探讨，发现他在管理文工团和工厂的过程中有很多不同的地方，最突出的是他在两个领域中扮演着不同的角色。

我向他提出了两个问题，第一个问题是"每一次文工团重要（汇报）演出，你在哪里"，回答是"在台下的第一排观看演出，并给予表演者最热烈的掌声"。第二个问题是"每一次工厂年度管理总结，你在哪里"，回答是"坐在高高的主席台上，居高临下地发表演说，员工坐在台下观看"。两种管理的不同是：前者把舞台给了员工，后者把舞台给了领导。

后来这位老板彻底改变了做法，每半年召开一次总结发表大会，让那些在管理改善中做出成绩的员工走上舞台，展示优秀做法和业绩；而自己坐在台下的第一排，以欣赏的目光关注一线员工的出色"表演"，简单的换位换来了巨大的激励效果。

（六）课题完成度评价

效率改善活动推进的水平主要通过参考课题完成度的高低来评价，完成度高就意味着绩效大课题管理活动水平高。课题改善完成度水平评价清单如表4-19所示，企业可以借助它较方便地确认课题推进的效果，较容易把握绩效大课题管理活动推进的水平。

表 4-19 课题改善完成度水平评价清单

No.	项目	内容
1	课题设定的有效性	①课题选定时，目的是否明确； ②课题的大小是否合适； ③与企业、部门方针、计划的关联性如何
2	现状分析的水平	①现状分析的指标与目的的关联性； ②管理指标推移情况是否明了； ③是否从不同侧面对指标进行了分析； ④是否了解管理指标的偏差情况； ⑤是否区别对待现状把握与原因分析
3	目标设定的合理性	①目标是否有挑战性； ②目标指标是否明确，表现形式是否易懂； ③设定的目标期限是否适当
4	分析能力	①是否充分列明与指标相关的原因； ②对原因是否进行了必要的筛选； ③对筛选后的原因是否进行了调查验证； ④对调查彻底的事项是否进行了总结
5	对策研究和实施有效性	①针对筛选后的原因是否制定了有效的对策，对策项目是否整理成表； ②对实施的对策是否进行了具体描述； ③是否清楚各对策项目的有效性
6	效果是否有效确认	①改善效果是否得到确认； ②目标值是否得到满足； ③是否明确对策措施的效果； ④对策措施有无其他不良影响
7	标准化能力	①是否实施标准化； ②是否通过教育培训做到； ③是否已经决定维持改善效果的方法； ④效果的维持是否能够得到确认

（七）为什么说改善是无止境的

改善活动是一个不断深入、持续推进的过程。由于主、客观条件的限制，企业在不同的阶段采取的改善方法不尽相同。

在改善活动的初期，问题随处可见，在这个阶段，如果企业的高层有强烈的改善意识，能关注这些问题并持续督促有关人员限时整改，问题就能得到一定程度的解决。

我们建议推进 5S 活动或其他基础改善活动，5S 活动是效率改善的基础和前提。

企业要想在 5S 活动的基础上进行进一步的改善，就要借助一些更高级的改善工具，如 PM 分析法、IE 工业工程手法及 VSM 价值流分析手法等，这些都是用来系统解决问题的有效办法。

在这个阶段的改善活动取得成效之后，也许有人会认为问题已经彻底解决，不用再进行改善活动了。但是，改善并没有结束，因为事物或工作（4M）总是发生变化，每一时段的改善都有其局限性，所以只要工作依然存在，企业就要不断改善。检查效率持续改善的事例如表 4-20 所示。

表 4-20　检查效率持续改善的事例

改善步骤		改善方法	问题点改善	效果及反省
1	改善前	—	①检查台布局不合理； ②现场脏乱差现象严重； ③人员无谓走动多且无序	—
2	一次改善	5S 活动	①进行整理、整顿、清扫活动； ②检查台、工具台重新进行布局	①现场管理秩序改观； ②效率提高 8%； ③坐式检查效率低
3	二次改善	改变检查方法	①立式检查； ②加快动作速度	①效率提高 10%； ②检查台至工具台之间距离远，走动多
4	三次改善	检查工具摆放方法改善（转盘）	①工具摆放改善； ②检查人员只要转动转盘即可拿到需要的工具	①效率提高 15%； ②能否取消检查
5	四次改善	源流保证	通过源流保证审核的供应商，其零部件取消检查	效率提高 100%

由于主观（没想到）或客观（想到了但做不到，即条件不成熟）因素的影响，很多时候改善活动只能循序渐进地进行。

五、绩效大课题改善制度样例

某跨国企业绩效大课题管理活动的管理制度概要如下。

推进责任：精益推进办设专职干事负责绩效大课题管理活动。

课题登录：

①公司要求：每部门每半年申报两个课题。

②部门责任：部门经理对项目负责，并授权项目组长负责推进和实施。

③活动频度：每课题每周报告一次实施状况。

④报告会：每半年举行一次企业绩效大课题管理发表大会。

⑤督导责任：部门经理需要对连续两周没有进展的项目进行一次现场督导。

如此循环往复，企业管理绩效就能得到持续提升。

绩效大课题管理活动的管理标准如表 4-21 所示，企业可以在此基础上根据自身特点对运营细节进行完善。

表4-21 绩效大课题管理活动的管理标准

标准名	绩效大课题管理活动的管理标准	制定部门	
		编号	

1. 目的
为焦点课题小组完成课题提供科学的途径、评价和激励课题活动，确保TPM绩效大课题管理活动持续有效开展。
2. 适用范围
本标准适用于×××企业所有部门。
3. 焦点课题的对象
绩效大课题管理课题可以涉及成本、安全、交期、品质等各个管理领域，与企业经营活动密切相关。绩效大课题管理既可以由部门内团队独立组成小组开展改善活动，又可以组成跨部门小组开展改善活动。活动期限一般在3～6个月之间。
4. 职责
（1）总经理。根据企业经营方针和目标，提出年度经营课题，授权各有关部门开展绩效大课题管理活动，对课题活动提供必要的资源支持；出席课题总结发表大会。
（2）精益委员会主任。制定和审批各种TPM课题活动制度，确认课题评分结果，批准获奖名单，为活动提供各种资源，确保活动顺利开展。
（3）精益推进办。负责课题的前期总体策划，确保课题活动的有效开展，运营课题月度报告会和企业课题发表大会。
（4）部门负责人。负责提出课题意向、课题申请，任命课题组长，向课题组及时提供各种所需资源，监督课题进度。
（5）课题组长。负责课题小组的组织和协调，组织课题组成员定期碰头，研究解决方案，确保课题小组成员按计划有效实施改善，负责绩效大课题管理活动的总结工作。
5. 绩效大课题活动管理
（1）课题申报与登录。
部门根据企业经营计划向精益推进办提出《课题申请书》，精益推进办归总、审核后提交总经理认可。
定义课题时，应使用统一的格式：×× ○○□□，以此来明确课题的目的。
怎样（改善）────────▲
要改善的对象 ───────────▲
要解决的问题 ──────────────
例：提高—打印机—印刷质量；
降低—光学件—废品率等。
（2）部门内课题跟进。
部门经理和课题组长必须及时跟进各课题的进展。
（3）课题进度督导会议。
TPM推进办每月召开一次课题进度督导会，由各课题组长就课题的进展情况进行说明。
6. 课题的总结、发表与奖励
（1）课题的总结。
所有课题必须在半年内完成，不管是否取得了期望的效果，都需要按推进办要求的格式进行总结，填写《课题申请表》的结果栏，并做成PPT发表文件。
（2）课题发表大会。
企业每半年召开一次课题发表大会。每个部门必须通过内部发表等形式选取一个能够代表部门水平的课题，推荐到企业发表大会上。
（3）奖励。
企业可以组成评审小组，对在企业发表会上发表的课题进行评分，得分高的依次获奖金、银、铜奖。金奖600元、银奖400元、铜奖200元，并颁发金、银、铜牌。
7. 优秀课题的展示
企业根据情况，将各部门的优秀课题案例进行展示，或制成案例集。

六、如何提高生产效率

（一）生产效率化改善的基本思路

生产效率就是生产活动中产出和投入的比值。管理和改善的目的是将必要的投入量控制在最小，取得最大的产出。

在企业管理中，所有的产出都包括两方面的内容，一方面是数量意义上的成果，如生产量、成本等；另一方面是产品和技术质量意义上的成果，如质量等。为了提高生产效率，必须从开展质量和数量两方面的管理改善活动着手。

1. 提高生产量和减少投入量的活动

（1）设备效率化活动。

提高设备效率，使设备在单位时间内的产出最大化。

（2）人的效率化活动。

通过设备的改进和工艺技术水平的改善来提高人均生产量，或者通过作业改善和自动化、少人化活动达到提高生产效率的目的。

（3）计划及管理效率化活动。

为了保证生产活动的顺利进行和提高生产效率，要进行最合理的生产计划、调度及材料采购工作，并将物流方面的损耗降到最小。

（4）物料等投入管理效率化活动。

有效控制和减少材料、工具、能源的投入量，将损耗降至最小。

2. 提高产品品质活动

通过提高产品品质稳定性，减少生产过程中不良品的产生，减少不良品造成的返工及修理损耗，从而达到提高生产量的目的。

改善项目与期待效果的对应关系如表 4-22 所示。产出数量的最大化、投入数量的最小化和产品与技术质量的改进最终都是为效率提升和成本降低服务的。

表 4-22 改善项目与期待效果的对应关系

No.	改善的着眼点	改善的效果体现
1	减少设备效率损耗	提高设备利用率
2	减少人工损耗	提高劳动生产率
3	减少管理损耗	改善生产管理
4	减少不良品的产出	提高产品质量的稳定性
5	减少由于不良品修理造成的损耗	提高生产直行率
6	减少不良品废弃的损耗	生产及制造成本降低
7	减少材料工具能源损耗	降低生产成本

改善管理、提高效率和降低损耗会增加生产活动的附加价值，提升企业经营效益。

（二）影响生产效率的十六大损耗

影响生产效率的因素被称为损耗。损耗的种类有许多，不同的行业及企业内部存在的损耗也不尽相同。就生产加工型企业来说，一般存在设备、管理、材料及人员这四个方面的十六大损耗。

影响生产效率的十六大损耗如表4-23所示。

表4-23 影响生产效率的十六大损耗

损耗分类		损耗项目
一	设备方面的损耗	1. 故障损耗
		2. 安排及调整损耗
		3. 刀具和刃具损耗
		4. 投入或启动损耗
		5. 短时停止和空转损耗
		6. 速度低下损耗
		7. 不良品及不良品修理损耗
二	管理及计划方面的损耗	8. 计划停机损耗
三	人员效率方面的损耗	9. 管理损耗
		10. 动作损耗
		11. 生产组织损耗
		12. 搬运损耗
		13. 检查、测量及调整损耗
四	材料投入等方面的损耗	14. 材料投入损耗
		15. 工夹具损耗
		16. 能源损耗

（三）设备方面的七大损耗

1. 故障损耗

由慢性或突发性故障造成的损耗叫作故障损耗。对故障的理解不明确会造成对故障损耗理解的偏差。

故障可以作以下定义。

故障就是伴随着功能的停止或降低，为了恢复和复原需要实施零件交换和修理的过程，修理或恢复时间在5分钟以内的情况除外。

有些故障是突发性的，原因易查找也便于处理。有些故障是慢性的，频繁发生又很难找到根治的办法，这类故障多被长期搁置，任何一家企业都或多或少地存在这个问题，它在故障总量上占有很大的比重。

精益改善活动的目的是追求故障和损耗为零，这就需要企业改变从前那种"故障是不可避免"的错误认识，并通过各种有效的办法和途径，如自主保全活动等来达到减少故障的目的。

2. 安排及调整损耗

在产品A生产结束并向产品B切换或过渡的过程中，产出完全满足质量要求的B产品之前所耗费的时间叫作安排及调整损耗。比如注塑加工及冲压加工的换模、试模过程，流水生产线所生产机型的切换过程等都会发生类似的损耗。

在现代化大型生产线及借助高价生产设备进行生产活动的过程中，应极力避免无谓的时间浪费，短暂的时间损耗会带来人工和设备利用率的巨大浪费。

企业针对这一课题的研究及缩短损耗时间的努力从来就没有间断过。由于市场和顾客需求的多样化，产品越来越趋向于小批量、多品种（需要进行切换的次数也随之增多），在某些行业内，现代化的流水线生产方式已经很难适应发展的需要，客观上要求对生产方式进行彻底的变革（引进精益生产系统和全新的生产方式）。

一些有代表性的生产革新运动，比如柔性生产方式、一人生产方式、细胞生产方式等都是为了解决这些课题。

3. 刀具和刃具损耗

刀具和刃具损耗是指刀具、刃具损坏或定期交换时产生的时间损耗，以及随之产生的不良品损耗。

随着新材料的使用及研究的进展，刀具、刃具的使用寿命得到了延长，从客观上讲这一类的损耗得到了一定程度的改善。

为了达成以下目的，企业还是有必要对其给予关注。

①夜间无人监管情况下的运行。

②提高设备综合效率。

③降低刀具、刃具费用。

4. 投入或启动损耗

投入或启动损耗是指在以下几种情况发生时，产品质量达到稳定之前所产生的时间上或产量上的损耗。

①定期维修之后的重新启动。

②长时间停止后的重新启动。

③休假之后的重新启动。

这一类损耗主要是由于热效应产生的热胀冷缩等原因造成的。

要想减少启动损耗，最重要的是从研究热变形与时间、工件尺寸之间的关系着手，确定一个合理的起始空转时间长度。

5. 短时停止和空转损耗

短时停止和空转损耗的定义如下。

①它是一种短时间的功能停止。

②经过简单的处置（异常工件的去除和复位）即可恢复正常。

③并不需要进行零件交换和修理。

④恢复时间在数秒至5分钟之间。

工件在滑板上阻塞造成机器空转，物体的异常移动引起感应器暂时失效，或传感器误动作造成机器短时停止等都是这一类的情况，只要除去工件或异常物体，机器就会恢复正常运转。

此类停止或空转损耗的时间都不长，往往容易被人忽视，次数多的话也会极大地影响生产效率，必须引起企业重视。

6. 速度低下损耗

速度低下损耗是由于设备的速度设置在设计速度以下，或者设计速度低于要求而造成的速度差损耗。

前者的情况是，假如设计的生产时间周期是50秒，实际上的生产运行周期是55秒，这时的速度损耗是5秒。后者的情况是，假设设计时间是60秒，经过改善后可以降为50秒，但是由于人为因素（没有及时跟进）依然以60秒运行或生产，这时的速度损耗是10秒。

为了提高生产效率，企业需要认真研究产生速度损耗的原因（比如新员工未达到培训要求就被配置到生产线上），通过消除这些原因使实际速度达到设计速度的要求。

速度损耗是对设备损耗影响很大的因素之一，必须给予重视。

7. 不良品及不良品修理损耗

在生产过程中会发生产品的不良问题。由于不可修理而造成的废弃损耗和不良品的修理所造成的时间损耗就是不良品及不良品修理损耗。

不良问题可以分成两种：一种是容易实施对策的突发性不良问题，另一种是难以实施对策（如毛边、毛刺等）且可能被长期搁置的慢性不良问题，需要实施修理或追加加工的情况一般被列为慢性不良问题。

针对慢性不良问题，企业需要研究问题发生的机理，彻底消除引起不良问题的原因（即消除发生源），从根本上防止不良品的产生。

（四）计划停机损耗

企业为了保证设备的运行特性及产品的质量、安全、信赖性，安排一定的时间对设备进行停机保全是很有必要的。停机过程的时间损耗及随后启动的产量损耗就是计划停机损耗。

影响计划停机损耗的因素是每一次的停机时间（即保全所需时间）和停机周期（两次停机的间隔）。企业通过提升保全效率和保全能力来减少每一次的保全时间并延长停机周期，最终达到减少计划停机损耗的目的。

（五）人员效率方面的五大损耗

1. 管理损耗

管理损耗是指如材料、零件等待（采购或搬送的延迟）、指示等待（计划的安排）及故障修理等待等，即由于管理上的原因和要求造成的人员效率损耗。

2. 动作损耗

动作损耗包括由于不经济的作业动作造成的损耗、技能差异造成的损耗及（区域、物品）布局不合理而引起的步行损耗等。

如果从作业动作的经济性来考察动作损耗，那么如步行、转身、弯腰、曲背、提脚、单手或双手等待、动作过大等都是动作损耗。虽然看似小事，但是不可否认，生产现场的动作浪费无疑是大量存在且最容易被忽视的。

要解决作业动作浪费问题，借助于IE（工业工程）手法是很有必要的。

3. 生产组织损耗

生产组织损耗是指多工序之间、多作业台之间的等待损耗，以及流水线生产中的工序作业时间不平衡所造成的损耗。

由于作业者的熟练度不够或因个人能力差异，也会出现相应的损耗。

4. 搬运损耗

搬运看上去是必需的，实际上却是无价值的，如零件或成品的搬运等。企业可以从缩短搬运距离、提高运载效率、改善搬运工具等方面来减少搬运损耗，提高生产效率。

5. 检查、测量及调整损耗

为了防止不良品的产生，以及不良品到下一道工序或客户手中，需要在生产过程中频繁地对零件或产品进行检查、测量和调整，这就造成了作业时间的浪费。

生产过程中可能出现的问题越多，需要设置的检查、测量点就越多，解决的办法就是改进生产办法或强化对生产过程4M条件的控制，消除出现问题的可能性。

（六）材料投入等方面的三大损耗

1. 材料投入损耗

材料投入损耗是指某些特定的生产过程中，材料投入量与产品产出量（重量和数量）的差额。例如冲压及切削加工等的产品重量总是小于投入素材的重量，有时损耗可以达到80%，只要企业能留意这一类损耗，解决的方法就很简单。

我通过观察后发现，越是大型企业，这类损耗越严重。

2. 工夹具损耗

企业在进行生产活动的过程中，伴随着工夹具等的制作、维修、损坏甚至丢失而产生的各种费用就是工夹具损耗，生产活动所需的其他消耗品如切削油、药品、交换用易耗零件等也包括在内。

除了正常的使用、消耗之外，还不能忽视工夹具的丢失，一些管理混乱的企业为此伤透脑筋。虽然这类损耗很容易被忽视，但是给予足够的关注（进行统计和分析）就可以解决。

3. 能源损耗

能源损耗是指电力、燃料、蒸汽、压缩空气、水资源等的浪费。只要企业从细微处着眼，进行全方位的改善，就一定能够收到很好的效果。

减少能源损耗还是环境改善的重要内容之一。

（七）管理活动中的损耗构造图

只要应用一定的分析手法，将构造图中的损耗分解到足以进行单次记录、统计的程度，降低损耗的活动就可以很快收到效果。

损耗构造图是有普遍意义的，所有部门都可以根据对自身业务的分析描绘出本部门的损耗构造图。

（八）设备方面的损耗构造及效率计算

1. 设备方面的七大损耗构造（见表4-24）

表4-24　设备方面的七大损耗构造

工作总时间	七大损耗	备注
负荷时间　　　A	1. 故障损耗	A: 计划停止时间
	2. 安排及调整损耗	
运行时间　　　B	3. 刀具和刃具损耗	B: 计划外停止时间
	4. 投入或启动损耗	
有效运行时间　C	5. 短时停止和空转损耗	C: 速度低下损耗时间
	6. 速度低下损耗	
有价运行时间　D	7. 不良品及不良品修理损耗	D: 不良品及不良品修理损耗时间

（1）工作总时间。

工作总时间是指设备在一天或一个月内可以运行的总时间。

（2）负荷时间。

负荷时间是指一天或一个月中除去计划停止时间以外，设备必须运行的时间。计划停止时间包括生产计划上的休息时间、设备维护的停止时间、管理上需要的早晚礼时间及其他有计划的停止时间。

（3）运行时间。

运行时间是指负荷时间减去故障、调整、刃具交换及其他停止时间所得的时间，即设备实际运行的时间。

（4）有效运行时间。

有效运行时间是指运行时间减去短时停止、速度低下损耗时间之后，以一定速度有效运行的时间。

（5）有价运行时间。

有价运行时间是指有效运行时间减去不良品及不良品修理时间之后的部分，即实际生产出良品的运行时间。

（6）时间运行效率。

时间运行效率是运行时间和负荷时间的比值，其计算公式如下。

时间运行效率＝（负荷时间－计划外停止时间）/负荷时间×100%

（7）速度运行效率。

速度运行效率是指基准生产周期与实际生产周期的比值，是表示速度差的一个指标，其计算公式如下。

速度运行效率＝基准生产周期/实际生产周期×100%

（8）有效运行效率。

有效运行效率是表示生产持续性的一个指标，它的计算公式如下。

有效运行效率 = 生产总数 × 实际生产周期 / 运行时间 ×100%

（9）性能运行效率。

性能运行效率是一个衡量速度差的指标，指设备的实际运行速度和设备的固有（速度）能力（设计能力）之间的比值。

性能运行效率 = 基准生产周期 × 加工数量 / 运行时间 ×100%

基准生产周期一般是指设计生产周期。由于生产加工品种、品质条件的不同，设备所能达到的基准生产周期可能发生变化，因此有时候还可以用目前理想状态下的生产周期或最高水平的生产周期等来计算性能运行效率。

（10）良品率。

良品率是良品和加工总数的比值。

良品率 =（生产总数 – 不良品数）/ 生产总数 ×100%

不良品数 = 启动不良品数 + 工序内不良品数 + 修理数

（11）设备综合效率。

设备综合效率是时间运行效率、性能运行效率和良品率的乘积。它是评价设备运行时间、运行速度、良品率的一项综合指标，也是衡量设备创造的附加价值的标准。

设备综合效率 = 时间运行效率 × 性能运行效率 × 良品率

2. 设备综合效率计算范例

一天的工作时间：60 分钟 ×8 小时 =480 分钟；

一天的负荷时间：470 分钟；

一天的运行时间：400 分钟；

一天的生产数量：450 个；

基准生产周期：0.64 分钟 / 个；

实际生产周期：0.8 分钟 / 个；

不良率：5%；

停止时间：早晚 5S 时间 10 分钟，故障 30 分钟，调整 40 分钟，共计 80 分钟。

根据以上数据可以进行以下计算。

①时间运行效率 =400/470×100%=85.1%

②速度运行效率 =0.64/0.8×100%=80%

③有效运行效率 =450×0.8/400×100%=90%

④性能运行效率 =0.64×450/400×100%=72%

⑤良品率 =100%−5%=95%

⑥综合效率 =0.851×0.72×0.95×100%=58.2%

⑦短时停止时间（分钟）=480−0.8×450−80=40

（九）人员效率方面的损耗和劳动生产率

1. 人员效率方面的五大损耗构造（见表 4-25）

表 4-25　人员效率方面的五大损耗构造

劳动时间				各种损耗	备注
负荷时间			A	①管理损耗。	A: 计划停止时间
作业时间		B		②动作损耗。	B: 计划外停止时间
有效作业时间	C			③生产组织损耗。	C: 速度低下损耗时间
有价作业时间	D			④搬运损耗。 ⑤检查、测量及调整损耗	D: 不良品及修理损耗时间

225

(1)劳动工时。

劳动工时是企业支付工资的时间，企业劳动时间一般为一天8个小时。

(2)负荷工时。

负荷工时就是劳动工时减去休息时间、早会和晚会时间及其他计划时间之后的部分。

(3)作业工时。

作业工时就是实际投入作业中的时间，即负荷工时减去由于设备故障、调整、刃具交换、启动等引起的设备停止时间及寻找、取用零件、工具等所需时间。

(4)有效工时。

有效工时就是实际实施作业的时间，即作业工时减去由于人员配置不合理造成的不平衡损耗工时、非正常作业工时及自动化置换不足损耗工时。

(5)有价工时。

有价工时就是有效工时减去生产不良品、不良品修理及由于质量不稳定造成的频繁测定所需工时后的、与实际产出直接相关的工时。

设备综合效率与人员工时之间的关系：设备综合效率的提高除了与设备方面的七大损耗相关之外，还受人员的作业方法、熟练度、作业场所的布局等引起的人员工时损耗的影响，影响的具体体现形式就是降低设备的性能运行效率。

人员的劳动工时、负荷工时及作业工时一般是比较容易确定的，要精确地确定(记录)人员的有效工时和有价工时是一件较困难的事情，企业可以通过实际生产量来推断人员动作浪费的总量。

2. 某生产线人员动作浪费的计算范例

一天的负荷运行时间：460 分钟；

设备故障等停止时间：50 分钟；

调整停止时间：60 分钟；

基准运行周期：0.5 分钟 / 个；

理想的性能运行效率：82%（无速度低下损耗）；

实际生产数量：450 个。

参考以上的数据可以做以下计算。

①一日最多能生产的数量（个）=（460−50−60）/0.5×0.82=574

②实际性能运行效率 =0.5×450/（460−50−60）×100%=64.3%

③人员动作浪费效率 =82%−64.3%=17.7%

即由于人员动作浪费造成的设备性能运行效率下降 17.7%。

（十）材料投入等三大损耗的计算

材料投入等三大损耗是指材料投入损耗、工夹具损耗、能源损耗。

材料损耗的改善可以用提高材料利用率来描述，能源损耗及工夹具损耗的改善可以用削减率来表示。

①材料利用率提高 =100%− 改善后材料投入量 / 改善前材料投入量 ×100%

②能源削减率 =100%− 改善后能源投入量 / 改善前能源投入量 ×100%

③工夹具损耗削减率 =100%− 改善后投入金额 / 改善前投入金额 ×100%

七、生产效率化改善示例

生产效率化活动的最终目的是最大限度地降低生产成本。为了达到此目的，就要提高单位时间的生产量、人均生产量及降低材料或零部件的损耗等。

推进这项活动一般要循序渐进地进行，生产效率改善活动的推进如表 4-26 所示。

表中呈现的是常规的活动顺序，有条件的话可以采用并行推进的方式进行改善。

由于篇幅的关系，我们不能将十六大损耗的改善事例都罗列出来，下面选择几个有代表性的事例对生产效率化活动进行阐述。

示例 1　安排和调整损耗低减

在一条生产线或一台加工设备上，由于 A、B 产品生产条件不同，从 A 到 B 的生产切换需要对设备或生产线进行重新安排和必要的调整。

下面是一个减少更换夹具时间的改善事例。

1. 改善前的问题点

①由 A 产品到 B 产品换夹具时间为 1800 秒；

②良品产出前会生产两次共 6 个不良品。

表 4-26　生产效率改善活动的推进

顺序	活动内容
1	设备七大损耗低减活动： ①设备七大损耗的构造把握； ②相关度及重要度的确认； ③问题工序的识别； ④对策方案的提出； ⑤对策方案的实施； ⑥效果的确认
2	设备综合效率的改善措施： ①把握影响设备综合效率的因素； ②消除这些因素； ③改善效果的确认
3	劳动生产率的提高办法： ①人均生产台数的把握； ②调查影响人工效率的因素； ③研究对策方案； ④采取对策消除这些阻碍因素； ⑤自动化（重力等应用）推进； ⑥空间平面布局改良； ⑦质量稳定性改善； ⑧工程、工序能力改善； ⑨少人化、无人化改善； ⑩改善效果确认
4	制造成本低减活动推进办法： ①把握成本构成比例的变化； ②加工工时或加工费的降低； ③材料、零部件损耗的降低； ④模具、工夹具等易损品用量低减； ⑤消耗品用量低减； ⑥能源使用量低减； ⑦设备、工厂保全维护费用低减； ⑧改善效果确认
5	设备投资低减活动推进办法： ①简易设备自制改善； ②空间的有效利用改善； ③柔性生产方式的导入； ④效果确认

2. 改善目标

①更换时间减至一半以下；

②即刻生产出合格品，不良品为零。

3. 现状分析

为了分析更换夹具过程中的问题，要对更换作业过程做具体的记录，更换作业时间调查表如表 4-27 所示。

表 4-27　更换作业时间调查表

No.	作业内容	时间（S）单项	时间（S）总计	对策方案 除去	对策方案 并行	对策方案 简化
1	按停止键	3	3			
2	最后产品包装	24	27			
3	准备工具	120	147		○	
4	拆卸 A 夹具	180	327			
5	移走 A 夹具	60	387		○	
6	准备 B 夹具	60	447		○	
7	安装 B 夹具	180	627			○
8	装材料	90	717			○
9	按启动键	3	720			
10	试作	180	900	○		
11	测试样品	60	960	○		
12	尺寸修正	180	1140	○		
13	再试作	180	1320	○		
14	测试样品	60	1380	○		
15	尺寸修正	180	1560	○		
16	投入材料	60	1620			
17	第一个合格品	180	1800			○

4. 可行的改进方案

从表4-27中的调查数据可见，各作业项目主要可以进行以下三个方面的改进。

（1）可以去除的作业步骤。

通过对加工条件的事先确认和标准化管理，使更换夹具后一次性生产出合格品，可以省去试制过程（第10步至第15步），总计时间840秒。

（2）可以并行的作业步骤。

有些步骤是可以在停机前进行并行作业的，如工具、夹具的准备等（第3步、第5步、第6步），机器的停止时间相应可以缩短240秒。

（3）可以简化的作业步骤。

通过其他改善（目视管理等）可以将安装夹具的时间缩短（第7步、第8步）120秒。

通过以上改善可以缩短1200秒的更换夹具时间，达到了低减到一半以下的改善目标，更换夹具后能一次性生产出良品，减少了材料和加工时间的损耗。

示例2　生产组织损耗低减

工序间作业时间不平衡是生产组织损耗的主要内容之一。生产线的线速度通常是由瓶颈工序的作业时间决定的，某生产线工序时间分布如图4-12所示，线速度理论上最快可以设定为54秒，其他作业时间不足54秒的工序便产生人工等待的损耗。

生产线的线速度为54秒，损耗时间共计66（9+0+14+5+7+11+13+7）秒，仅此一项就损耗15.3%（66/432×100%）以上的生产效率。各工序间作业时间的不平衡，主要是由于生产技术水平低下或其他管理原因造成的，解决的办法就是重新安排工序并分配各工序的作业时间，使各作业时间尽可能地接近。

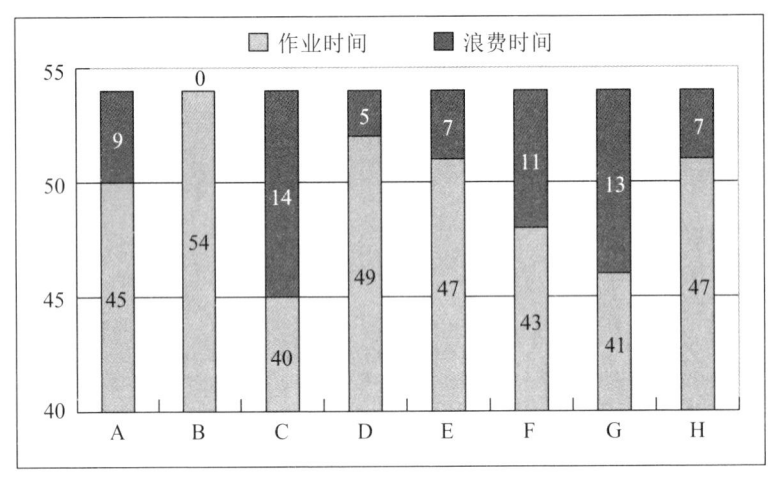

图 4-12 某生产线工序时间分布

示例 3　材料投入损耗的降低

降低材料投入损耗就是提高材料利用率。

冲压加工是常见的材料投入损耗，冲压加工事例如图 4-13 所示。在普通加工厂里，类似的现象通常会大量存在，只要着眼改善，收效一定是十分可观的。

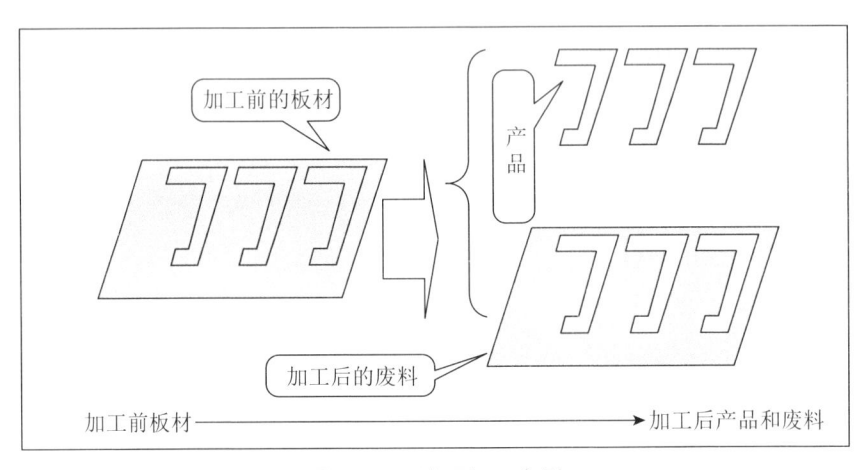

图 4-13　冲压加工事例

想要解决以上问题，有以下两个方案可以考虑。

改善方案1：对取料布局进行重新规划（见图4-14）。

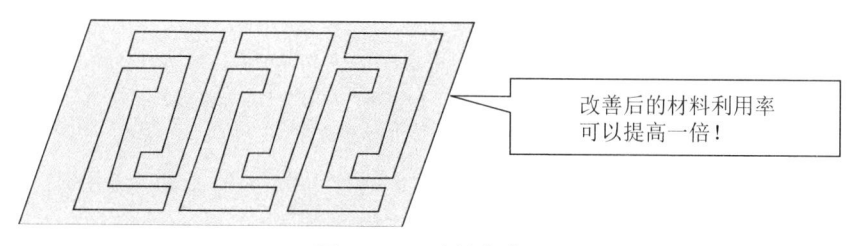

图4-14　改善方案1

原来一次加工3个零件，现在一次加工6个零件，不仅材料利用率提高一倍，加工效率也提高了100%。看似不大的改善，效果是良好的。

改善方案2：重新设计零件的结构。

把一个零件一分为二，中间用螺丝连接，取料时很容易布局并能得到很高的材料利用率。

改善的副作用是增加了一个螺丝，紧固螺丝带来的额外加工时间和加工精度等需要进行控制，在这种情况下有必要对改善进行定量的测算，确认改善的有效性。如果员工没有强烈的问题意识和改善意识，那么这种浪费现象将长期存在，所有人都不会对这种浪费负责任。

所以，在管理实践中，提升员工的问题意识十分重要，是管理者的重要工作之一。

3A"精益管理咨询"模式

一、3A 顾问管理咨询基本流程

前期沟通→经营诊断→商务谈判→项目签约→项目实施→项目总结→项目续约

二、3A 顾问项目咨询理论基础

刘承元博士及 3A 专家在汲取丰田、三星、京瓷等知名企业成功经验基础上，结合自身成功的实战经验，构建了适合中国企业的多套理论架构体系，并在 3A 顾问咨询实践中不断丰富着这些理论体系的内涵，越来越彰显其强大的生命力。

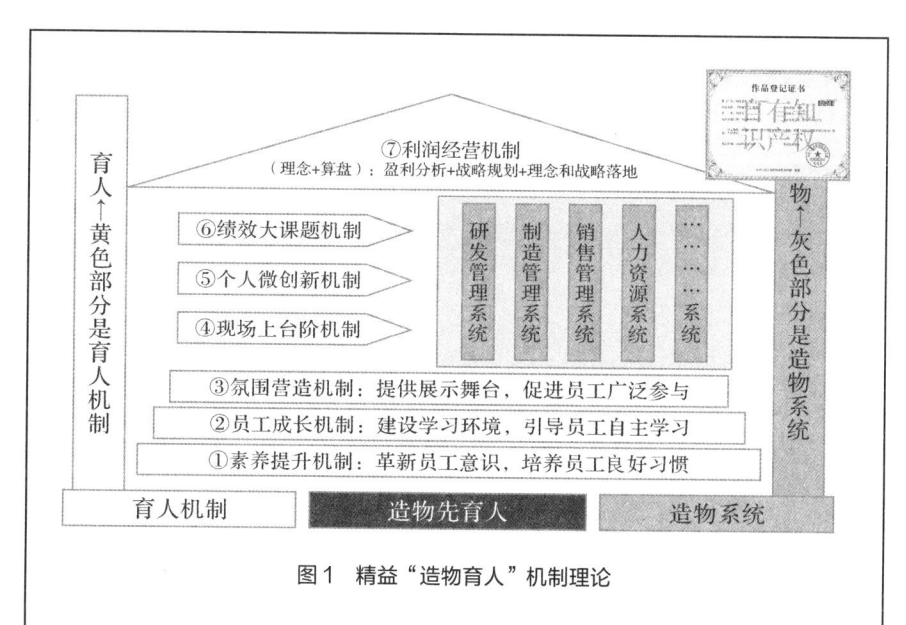

图1 精益"造物育人"机制理论

精益造物育人机制理论就像一座结构稳定的房屋，房屋中的各个部分都有其独到的作用。底部的①②③是企业经营的三个基础；中间的④⑤⑥三条横梁是企业进行"绩效改善"的三个机制；屋顶的⑦是企业进行"绩效经营"的动力机制。

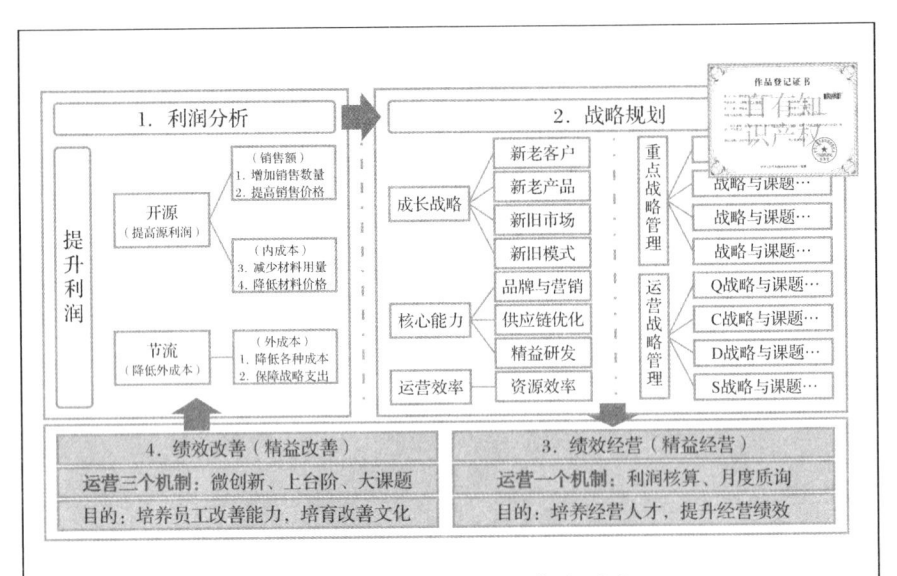

图2 不得不懂的制造业"赚钱"的逻辑闭环

从逻辑思考和实现方式的角度，企业获取利润的流程都是一个闭环，具体包括盈利分析、战略规划、绩效经营和精益改善四个关键环节。

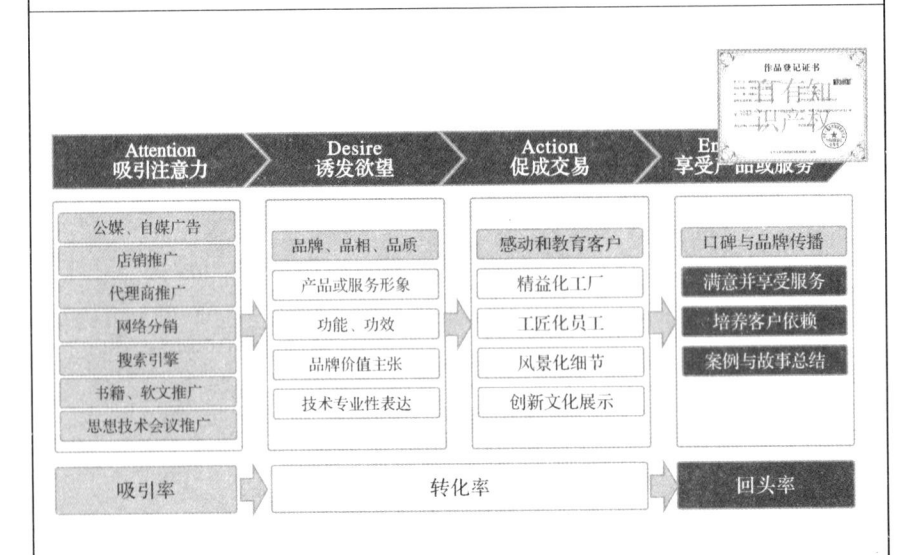

图3 精益全员营销模式的思维框架

制造型企业应该开展基于精益管理的精益全员营销活动，主动把工厂现场、管理细节和一线员工的良好状态展现给客户，给客户信心，让客户感动，提高品牌议价能力，使销售工作不再难做，推动企业可持续发展。

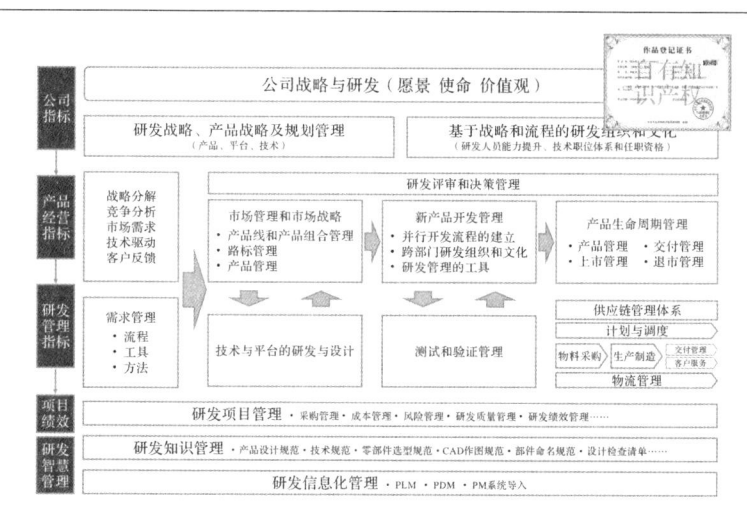

图4 精益化集成产品开发模型

研发任务包括以下几点：第一，基于客户需求规划产品。第二，通过产品开发流程管理，保证产品上市。第三，规划技术路线是运用技术平台减少物料种类。第四，通过生命周期管理解决产品更新换代等问题。第五，对研发经验及技术规范等进行知识管理。

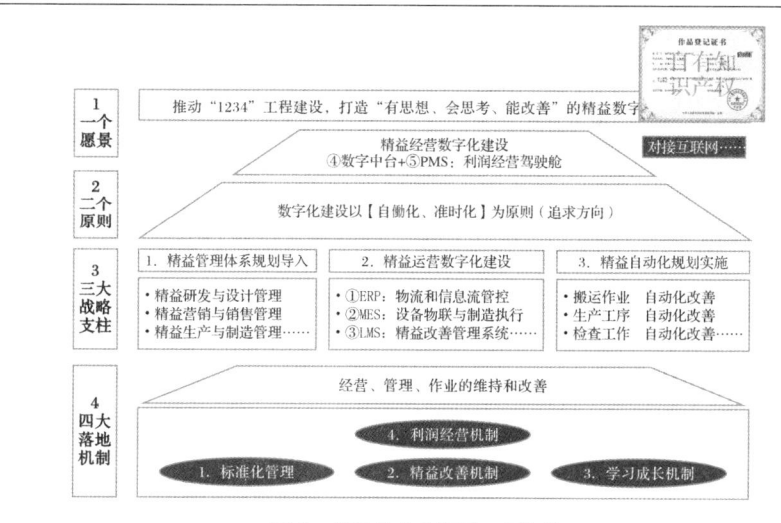

图5 精益数字化智造工厂架构

智能工厂结构化路径，明示了企业经营与自动化、精益化、信息化之间的关系。首先装上一个高效经营的数据大脑。其次是追求两个建设目标：一个是自働化，另一个是准时化。再次是构建三大战略支柱，即精益化、自动化和信息化。最后是运营四大落地机制。

3

三、3A 精益管理咨询主要内容

1. 3A 精益战略咨询项目

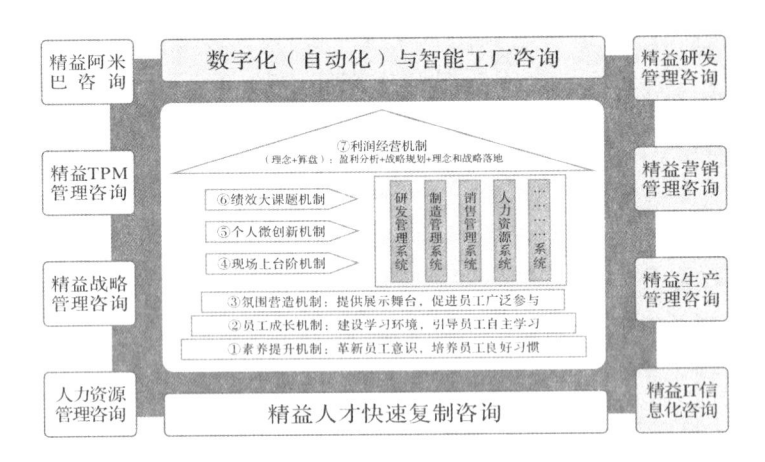

3A 顾问首创了手把手的咨询辅导模式，极大地提升了咨询项目合作过程中的客户价值。

2. 咨询项目效果评价维度

一般来说，客户领导倾向于用"企业硬实力提升"来评价咨询项目价值，尽管软实力之于企业具有更重要的意义。

重点评价方向		经营绩效成果	部门级经营成果
硬实力	1. 经营管理绩效提升	①利润额和利润率提升	• 分解到部门，并以QCDSM值来进行数据化管理
		②销售额与市场占比提升	
		③外部质量提升与交付投诉减少	
		④外部环境投诉件数减少	
		⑤单位资源产出率提升	
软实力	2. 员工意识能力提升	①工艺与技术能手培养	• 同样可以落实到部门，进行数据化衡量和管理
		②改善与革新能手培养	
	3. 企业革新文化建设	①发明创造与改善数量提升	
		②员工革新参与度提升	
	4. 机制标准系统建设	①革新改善机制建设和运营	
		②系统完善和作业标准化	

不同咨询项目辅导成果的指向不同，要根据项目特点进行针对性的定义、记录和评价。

3.3A 精益管理项目列表

咨询辅导项目	规划与辅导主体内容	关注焦点
1. 精益生产管理咨询	①价值流分析与改善规划； ②布局、物流与生产线改善； ③生产利润最大化改善辅导	• 关键经营管理指标改良； • 机制、标准制度与系统建设； • 氛围营造与文化改良； • 员工参与与意识能力提升； • 现场、设备等管理状态变化
2. 精益TPM管理咨询	①设备自主保全规划辅导； ②专业与预防保全规划辅导； ③常态化管理与绩效提升	
3. 精益阿米巴管理咨询	①盈利分析与商业模式规划； ②发展与运营战略规划辅导； ③阿米巴核算与运营辅导	
4. 精益战略管理咨询	①成长战略梳理； ②运营战略管理； ③核心能力的构建与培育	
5. 人力资源管理咨询	①规范组织管理； ②构建动力—压力—活力系统； ③导入绩效与薪酬体系	
6. 精益研发管理咨询	①竞争性产品战略规划； ②研发流程精益化； ③创新技术平台升级	• 关键KPI指标持续向好； • 机制、制度标准和系统建设； • 组织效率与个人能力提升
7. 精益营销管理咨询	①营销与成长战略规划； ②营销与销售流程改良辅导； ③销售利润最大化改善辅导	
8. 精益供应链管理咨询	①供应链能力评估与规划； ②降本采购机制建设辅导； ③采购利润最大化改善辅导	
9. 精益品质管理咨询	①源流品质改善策略规划； ②自働化与防呆化改善辅导； ③质量成本最小化改善辅导	
10. 精益成本管理咨询	①固定成本与隐性成本分析； ②成本管理责任机制建设； ③成本改善课题规划辅导	
11. 数字化（自动化）与智能工厂咨询	①精益自动化规划实施； ②数字化综合咨询； ③数字化培训与道场	• 制作详细的综合解决方案； • 负责辅导将方案落地为现实
12. 精益IT信息化咨询	①信息孤岛化现状调查； ②信息一元化管理架构规划； ③高效IT软硬件配置导入	
13. 精益人才快速复制咨询	①要素作业和要素管理定义； ②教育与训练道具课件建设； ③教育训练计划与实施辅导	